新しい保育講座 ❷

保育者論

汐見稔幸・大豆生田啓友　編著

ミネルヴァ書房

「新しい保育講座」シリーズ刊行にあたって

　1989（平成元）年の幼稚園教育要領の改訂に合わせて刊行された「保育講座」シリーズは，何回かの改訂を行いながらも，約30年の月日が過ぎようとしています。このように長く続いた理由として，「保育講座」シリーズでは，発刊当初から，子どもや保育のことをほとんど知らない学生や一般の人にも，できるだけわかりやすく，しかも保育の本質がイメージできるような編集方針を貫いてきたからともいえます。それは，作家・井上ひさしの言葉にあるように「むずかしいことをやさしく，やさしいことをふかく，ふかいことをおもしろく，おもしろいことをまじめに，まじめなことをゆかいに，そしてゆかいなことはあくまでゆかいに」保育を語ろうということでもありました。

　この度，2017（平成29）年3月に幼稚園教育要領や保育所保育指針，幼保連携型認定こども園教育・保育要領が改訂（定）されたのを機に，この「保育講座」シリーズも新たに内容を見直すことになりました。改訂（定）そのものは，1989（平成元）年に大きく改訂された幼稚園教育要領の方向に沿ったもので，その原理，原則が大きく変わったわけではありません。

　ただ，この30年の間に，保育，教育，そして子育てを取り巻く環境や状況は大きく変わりました。少子化が進み，家庭・地域の教育力が低下していく中で，国際的な乳幼児期への関心の高まりもあって，日本でも新たに幼保連携型認定こども園制度ができ，幼児教育の無償化も進むなど，幼稚園，保育所，認定こども園といった施設の種類にかかわらず，乳幼児期の保育・教育の重要性は飛躍的に高まってきています。

　また小学校以上の学習指導要領も大きく改訂され，「アクティブ・ラーニング」という言葉に代表されるように，これまでの知識や技能を教える教育から，これからの時代を生きぬくことができる資質・能力を育成する教育へと大きく方向を変えようとしています。

　このような時代に，保育者を志す学生が乳幼児期の教育・保育の基本について，何をどのように学ぶかはとても重要です。やみくもに知識の量を増やしていくという学び方ではなく，問いをもって自ら課題に取り組み，保育や幼児教育の基本を常に問い直し，保育者になった時に，その実践の場で生かせるような力をいかに獲得していくか，その学びが，「新しい保育講座」シリーズを通して獲得していけると信じています。このシリーズの本を手にしたすべての学生が，子どもたちのための保育を実現できる保育者になってくれることを切に願っています。

2018年3月

子どもと保育
総合研究所代表　森上史朗　　ゆうゆうのもり
幼保園園長　渡邉英則

はじめに

「すぐれた保育者とは，どんな保育者だと思いますか？」。

こういう質問をされたら，皆さんはどう答えるでしょうか。

私は，正直答えるのに戸惑います。戸惑う理由はいくつかあるのですが，そのひとつは，かくかくの資質や能力，姿勢をもった保育者がすぐれた保育者であると定義すると，保育者一人一人の個性が消されてしまうのではないかと怖れるからです。保育者にはそれぞれ個性があって，その個性を無視した保育者像を理想的保育者像として描いてしまうと，自分の個性を消して理想的保育者像に近づかなければならない，などと思う人が出てくる可能性があります。でも，そうした理想的保育者像の描き方は正しいのでしょうか。

実は，正しくない，と単純に言えないところに，この問題の難しさがあります。保育者にどのような癖があり，また性格の特徴があっても，これこれのことは保育者である限りできなければならないという共通のものが必ずあるからです。それらの内容はどこから出てくるかというと，保育のもう一方の主体である子どもの要求や必要や喜びということからきます。

子どもの方から保育を考えると，すぐれた保育者というのは，子どもの育ちの大事な場面で適切に対応してくれる人であり，子どもが抱えている葛藤を乗り越えるのを上手に応援してくれる人であり，子どもの心に生きることの喜びや夢をもたらしてくれる人である，ということになるでしょう。一言で言うと，この先生と出会ってよかったと子どもたちに本気で思ってもらえるような保育者が，子どもから見たすぐれた保育者だということです。そして，子どもがこの先生と出会ってよかったというのは，それぞれ個性が豊かで，他の先生にはかえられないものをもった人物であるはずです。

つまり，保育者としての適切性や優秀性ということの中身には，子どもを私の保育の手段ではなく目的として感じながら，その子どもの人間的な成長に適切に関わり貢献できるために必要な知識やスキルを豊かにもっている，ということが必ず含まれています。この面から見る限り，保育者の個性はさしあたり問われません。どのような個性の保育者であっても，保育に必要な知識やスキルは共通にもっていなければならないのです。本書には，保育者としてもっていなければならない共通の知識やスキルの内容が興味深い実践と共に紹介され説明されています。ぜひその内容をつかんでいただきたいと思っています。

しかし，保育の実践の場は生活です。生活は英語では life ですが，life はまた人生でもあります。つまり，保育は子どもたちの人生そのものを舞台としているわけで，そこには子どもたちの生に関わるすべてが表出，表現されます。そこでの実践は，人と人との出会い，真剣なやり取り，感情と感情のぶつかり合いなど，保育者と子どもという主体同士の創造するドラマと

i

して展開されます。ドラマづくりの実際は，保育者のそれぞれの個性と子どものそれぞれの個性が，あたかも経糸と緯糸の組み合わせのようになりつつ，創造されていきます。その展開の過程では，だれもがもっていなければならないような知識とかスキルが，それぞれの保育者の個性を通じて，それぞれの仕方で示され具体化されていきます。そこに保育者の個性があらわれます。

　つまり，すぐれた保育者といわれる人は，保育という仕事に共通に必要な知識や技法や仕事への倫理観がきちんと備わっているというだけでなく，仕事への情熱，子どもと接する時の姿勢，子どもの気持ちの受けとめ方，子ども理解の方向性，ほめ方，叱り方，話し方，笑わせ方，身体の動き，顔の表情，笑顔の作り方，遊びに誘う時の誘い方，得意な遊びや指導内容などがそれぞれ個性的で，保育に必要な共通の知識・技法がその個性を媒介にして具体化されていく時の具体化のあり方がそれぞれでありながら子どもたちの育ちを深く支えるものになっている，ということです。自分の個性を大事にしながら，保育者に必要な共通の知識・技法を自分なりに身につけ，こなしていると言えばよいでしょうか。

　皆さんがこれまで受けた保育や教育を思いだしてください。その中で記憶に残っている先生というのは，たいてい個性的で，それでいて保育者や教師としての資質・技能を十分にもっている人ではないでしょうか。

　すぐれた保育者の条件にはもうひとつ，「成長し続ける」ということがあります。

　保育という仕事は，どこかの職場で職を得て，しばらくは試行錯誤しながらその職場の慣行に慣れていき，やがてひと通りのことがわかってくると，大体こういうことでよいんだ，と思うようになっていきます。すると，たいがい新鮮な気持ちを忘れ，だいたいこうすればよいんだ，あとは経験で徐々に上手になっていくはずだ，というスタンスで仕事をするようになっていきます。それでもよいと言えばよいのですが，そのたとえば10年の間に，子どもたちを取り巻く文化や環境は大きく変化していきますし，保護者の保育観，子どもへの期待，保護者自身の悩みの内容なども変わっていきます。特に最近の社会・文化変容のスピードは激しく，たとえば20年後に成人する現在の乳児たちを待ち受けている今から20年後以降の社会は，ひょっとしたら，人間がしなければならないことが激減している可能性があります。すべて機械，ロボット，人工知能等が処理する社会になれば，人間の生き甲斐や幸せはどこに見いだせばよいことになるのか。とても難しい問題なのですが，でも保育はそうした社会で生きる子どもたちだからこそ，かくかくの力が大事になるはず，だとしたら乳幼児期にはこうした体験をいっぱいさせてあげないと……というような形で行うしかありません。

　つまり，保育の実際は，その目標にしても方法にしても内容にしても，常に，これでよいだろうか，と問い，自分たちで目標，内容，方法を探り続ける必要が出てきたということです。だからこそ，自分のやっている保育を，いつもこれでよいのかと問い続け，目を外にも向けて新たな視点を学び，自分の保育を再構成し続けることが大事になってきたのです。自己の実践を客観化すること，言葉にすること，人とその是非を巡って本心で議論すること等々，一言で

いうと「反省し続けること」が保育者のよさ，深さを決める条件になってきたのです。その意味で学び，発信し，議論し，反省し，実践し直していく姿勢があるかどうかが，保育者としての育ちの条件になってきたということです。このあたりのことも本書でくみとってほしいことです。

　本書は保育のことを初めて学んでいる今の時期にきちんと読んでほしいのはもちろんですが，現場に行って保育に悩み始めた時に，もう一度読んでもらえることを期待しています。つかみ取るものが，経験によって変わってくるのをきっと感じると思います。

　なお，この「新しい保育講座」というシリーズでは，各章の扉に，その章を通して考えてほしい内容につながるような写真と，その写真を基にした皆さんへの問いかけが掲載されています。それは，各章の扉を通して読者の皆さんに現場に身を置くということを意識していただきたいという思いからのものです。ぜひ，その「問い」に対して自分ならどうするかを考えてみてください。その上で扉を開いてください。その裏ページには，「問い」に迫っていくためのヒントや視点が示されていることと思います。それらを手掛かりに，「自分ならどうする？」ということを意識しながら本論を読み進めていただければと思います。そうすることで，書かれていることを他人事としてではなく，自分事として考え，学びを深めていっていただければと願っています。

　2018年3月

編著者を代表して　汐見稔幸

も　く　じ

はじめに

第1章　「保育者になる」ということ

1　「保育者」になりたいと思った理由……………………………………………3
①人気の職業　3　　②「保育者」のイメージ　4　　③私が出会った幼稚園・保育所の先生──「あんな先生になりたい！」　5　　④職業体験・身近にいるモデルや機会──「子どもが好き！」　5　　⑤保育者になりたい動機は変わっていく？　7

2　幼稚園教諭と保育士の免許・資格…………………………………………8
①幼稚園教諭と保育士　8　　②免許・資格を取得するには　10

3　魅力的な保育者って何だろう…………………………………………13
①保育者がプロであるということ　13　　②倉橋惣三の『育ての心』から考える保育者　14　　③あるベテラン保育者へのインタビューから　16　　④魅力的な保育者になるために　18

第2章　保育者の1日
──具体的な仕事の流れに見える保育者のまなざし──

1　1日のスタート………………………………………………………23

2　午前中の保育…………………………………………………………26

3　給　食…………………………………………………………………32

4　午睡～おやつ…………………………………………………………34

5　夕方の保育……………………………………………………………37

6　1日の終わりに………………………………………………………38

7　現場からの声…………………………………………………………42
①Mさんに聞きました　42　　②園長先生からの一言　44

8　「保育者」という仕事………………………………………………45

第3章　子どもの思いや育ちを理解する仕事

1 子どもをわかるということ ………………………………………………………… 51

①子ども理解の2つの側面──知ることとわかること　51　　②子どもをわかるということ　52　　③保育者もうれしかったり，つらかったりする　54

2 子どもが育つということ ………………………………………………………… 55

①気持ちを立て直す子ども　56　　②なぜ保育者は活動を提案するのか　59

3 子どもを読み解くということ ……………………………………………………… 61

①子どもを読み解く複数の視点　61　　②子どもをあきらめない　64　　③生活が充実するということ　67

第4章　子どもと一緒に心と体を動かす仕事

1 幼稚園の場合 ………………………………………………………………………… 71

①子どもの心と体を動かす保育者とは　71　　②遊びを支える5つの役割　72
③活動や行事を子どもと一緒に作る　77　　④心地よい生活の仕方を子どもと一緒に考える　79　　⑤楽しいクラス作りを進めるために　80

2 保育所の場合

　　　　　　──0・1・2歳児保育における保育者の役割 ………………………… 81

①保育は「ひと」なり　81　　②一人一人の「育つ力」を信頼できる保育者　82
③みんな違うを認め，それを保障できる保育者に　85　　④園全体で乳児保育の重要さを理解して丁寧に保障していく　87　　⑤つながりと協働の基礎作り　91

第5章　豊かな文化や自然との出会いをつなぐ仕事

1 絵本を通して豊かな生活を生み出す保育者 ……………………………………… 97

①子ども時代の絵本の思い出　97　　②3歳未満児の子どもと絵本　98　　③子どもたちの気持ちに共感できる絵本　101　　④保育所でのはじめての絵本　103
⑤絵本の種類・選び方・読み方　105　　⑥絵本が子どもの暮らしにもたらすもの　109

2 子どもと豊かに生活するための保育者の個性 ………………………………… 111

①保育の積み重ねの中で子どもの中に育つもの　111　　②「豊かな生活」を作り出す保育者の在り方　113　　③「豊かな生活」を子どもたちと共に──主体的・対話的で深い学び　120

第6章　保護者や家庭と一緒に歩む仕事

1 なぜ保護者支援が必要なのか……………………………………………………125

①子育ての変化　125　　②ネット時代の子育て　126

2 子育てのパートナーとしての保育者……………………………………………128

①登降園時のコミュニケーション　128　　②相手を知るためには自分のことも知ってもらう　130　　③連絡ノートを書く上で大切にしたいこと　130　　④ドキュメンテーションの用い方　133

3 多様な社会の中で私たちができる支援…………………………………………135

①貧困家庭の支援　135　　②虐待の恐れがある家庭　136　　③外国籍の子どもの家庭　137　　④発達や行動が気になる子ども　138　　⑤連携をしていくために　139

4 地域における園の役割……………………………………………………………140

①地域における子育て支援　140　　②地域活動に参加して　142

5 親とつくる子育て支援……………………………………………………………143

①親が参加する園　143　　②帰ってこられる園　144

第7章　学び合う保育者
——保育の場における保育者の成長と同僚関係——

1 保育者の専門性と省察……………………………………………………………149

①仕事の中での「学び」　149　　②保育者の専門性とは——「見えやすい」専門性と「見えにくい」専門性　150　　③保育者の成長と「省察」　152　　④保育者の研修制度　154

2 仲間と共に「語り合い」・「学び合う」ために…………………………………156

①「語り合い」・「学び合う」ことの難しさを自覚する　156　　②「どうやればいいのか」観に縛られやすいことを自覚する　157　　③「どうやればいいのか」観が置き去りにするもの　158　　④「どう関わるべきか」から「何が起きているか」へ　158　⑤自分の見方・考えを表現する　160

3 「語り合い」・「学び合い」が生み出すもの……………………………………161

①子どもを共に見る「まなざし」　161　　②「わからない」ことこそを共有するスタンス　162　　③葛藤の質の変容　163　　④「わからなさ」や「できなさ」への意識の変化　164

4 「語り合い」・「学び合う」時には………………………………………………165

①自分の見方を一時脇に置き相手の見ている世界を共に見る　165　　②「省察」と

「収奪」を生む　166　　③共に保育するスタンスを生成する　166

5　園（組織）として「語り合う」・「学び合う」関係を作る
　　　──誰もが自由に発言できる風土を作るために ……………………………………167

①「語り合う」ことの意味は「語り合う」ことで見えてくる　167　　②語り手の「語り」を引き出す聞き手のスタンス　168　　③会議のもち方を工夫する　169
④「わからない」「助けて」と言える関係を作る　171　　⑤園の保育は園の職員全体で作るもの──皆経営主義　173

第8章　保育者の専門性って何だろう
──まとめにかえて──

1　専門性というのはどういう意味だろう ………………………………………………181

2　引き出しをたくさんもっていることが専門性のひとつ ………………………………184

3　かかわり方の専門性
　　　──子ども自身の没頭保障とそれを支える安心感，信頼感 …………………186

4　文化と文明の違い，そして文化的な実践の大事さ …………………………………188

5　「クラスの倫理的な雰囲気」をつくることと専門性 ……………………………………191

6　赤ちゃんだって倫理的雰囲気は感じ取る ……………………………………………195

7　一生かけて専門性を高めていこう ……………………………………………………198

各章扉写真提供：かえで幼稚園・多摩川保育園・ひかりの子保育園・ゆうゆうの森幼保園

各章扉写真撮影：中丸元良・松井寛泰・松田健一

第1章

「保育者になる」ということ

あなたがあこがれる「先生」ってどんな先生?

写真の男の子は，保育者に抱っこされて，体を半分のけぞらせてい
ます。もうけっこうお兄ちゃんなのに恥ずかしくて体をそらしている
のかもしれませんね。こんなこともできるんだぞと強がるように，手
も放しています。でも，きっとうれしくてたまらないのでしょう。
だって，先生が自分のためだけにこうして関わってくれるのですから。
あなたにとって，「大好きな先生」ってどんな先生だったでしょう
か？

第1章 「保育者になる」ということ

「保育者」になりたいと思った理由

　このテキストを読んでいる多くの人は,「保育者」になることを志しているか, 何らかの理由で「保育者」に関心がある人だと思います。皆さんは, なぜ職業としての「保育者」を志したり, 興味をもつようになったのでしょうか？ ここでは,「保育者になりたい」と思うその理由について考えてみましょう。

❶ 人気の職業

　保育者という職業は, 時代が変わってもなりたい職業の上位にあがる職種です。表1-1からもそれがわかります。特に女子では, 中学生で第1位, 小学4～6年生・高校生でも第2位です。すごいことです。最近では, 女子ばかりでなく, 男子でも保育の仕事を志

表1-1　学校段階別・男女別　子どもが就きたい職業

◆小学4～6年生

順位	男子	％
1位	サッカー選手	15.7
2位	野球選手	9.5
3位	医師（歯科医師を含む）	5.7
	研究者・大学教員	5.7

◆小学4～6年生

順位	女子	％
1位	ケーキ屋・パティシエ	10.3
2位	保育士・幼稚園の先生	9.3
3位	医師（歯科医師を含む）	5.7

◆中学生

順位	男子	％
1位	学校の先生	8.4
2位	サッカー選手	7.7
3位	医師（歯科医師を含む）	5.0

◆中学生

順位	女子	％
1位	保育士・幼稚園の先生	11.1
2位	看護師（助産師・保健師を含む）	8.9
3位	学校の先生	7.2

◆高校生

順位	男子	％
1位	学校の先生	13.0
2位	公務員（学校の先生・警察官などは除く）	7.0
3位	医師（歯科医師を含む）	6.7

◆高校生

順位	女子	％
1位	看護師（助産師・保健師を含む）	11.6
2位	保育士・幼稚園の先生	9.5
3位	学校の先生	8.9

▶出所：東京大学社会科学研究所・ベネッセ教育総合研究所「子どもの生活と学びに関する親子調査2015（2015年7～8月実施）」2015年より作成。

す人が増えています。なぜ，保育者という職業は時代が変わっても
人気のある職業なのでしょうか？

❷「保育者」のイメージ

　ここで，少しワークをしてみましょう。「保育者」という職業に
私たちはどんなイメージをもっているのでしょうか。

Work 1 ✎　「保育者」のイメージ連想

① 小さなカード（たてよこ，5cmくらいが目安の紙）を1人10枚ずつ用意します。
②「保育者」という言葉から連想するイメージを自由に，思いつく限り書きだしてみましょう。1枚の
　カードに連想したイメージを1つ書きます。
③ 制限時間は3分間。目標はカード10枚分です。
④ 3分で終了です。次にあなたが書いたカードをまわりの人たち（近くの5〜6人のグループ）で集
　まって，見せ合ってみましょう。
⑤ そして，カードに書かれた内容が，同じものや似た内容の仲間を集めてみましょう。
⑥ いくつかの種類のカードの山ができましたね。次に，そのできた仲間に共通する名前（キーワード）
　を付けてみましょう。

　さて，どのような共通性が見えてきたでしょうか？　きっと，
「やさしい」「明るい」「元気」「子どもの気持ちを受けとめる」「一
緒に遊ぶ人」「ピアノが上手」「母親のような存在」等々，とてもよ
いイメージがあげられたのではないでしょうか。

　保育者を志す人に聞いているのですから，魅力的なイメージがあ
げられるのは当然かもしれません。でも，保育者という職業を志し
ていない人も似たようなイメージをもっているかもしれません。ぜ
ひ，別の職業を志している友達にイメージを聞いてみてください。

　このように，保育者という職業に対して，多くの人がやさしくて，
明るくて，元気で，受容的といったプラスのイメージをもっている
ようです。こうしたプラスイメージが人気の職業であることの背景
にあるのかもしれませんね。

第1章 「保育者になる」ということ

❸ 私が出会った幼稚園・保育所の先生
——「あんな先生になりたい！」

　皆さんは，自分が幼児期に出会った担任の先生のことを憶えているでしょうか？　自分の出会った先生がどんな先生だったかを紹介し合うと，きっと話が盛りあがることでしょう。もうずいぶん前の記憶なのに，多くの人が自分の出会った先生のことを憶えています。なかには，ちょっと前の出来事のように話す人もいるでしょう。それくらい，幼稚園や保育所の先生との出会いは，人生の中で大きなことなのです。もちろん，なかにはあまり思い出せない人もいると思いますが，記憶には個人差がありますから，気にする必要は全くありません。

　こうした保育者を志す学生の中には，自分の幼稚園や保育所の担任の先生にあこがれて，自分もそのような保育者になりたいと思う人も多くいます。皆さんの中にも，きっとそのような理由の人がいるでしょう。幼い頃の心に大きな影響を与える存在なのだとすれば，当然のことかもしれません。

ミドリさん（短大1年生）の場合

　私は，年長さんの時の担任のエリ先生にあこがれて幼稚園の先生になりたいと思いました。先生はピアノが上手で，素敵なダンスを教えてくれるなど，あこがれの存在でした。泣き虫だった私に，いつも「大丈夫よ」とやさしく声をかけてくれました。卒園式の日に，お別れするのが悲しくてたくさん泣いた記憶があります。卒園後も年賀状のやり取りを長いことしていました。卒園後，ずっと自分はエリ先生みたいになるんだと思い，いまの私があります。

---

❹ 職業体験・身近にいるモデルや機会
——「子どもが好き！」

　先の表1-1にあったように，小学4〜6年生の女子が就きたい職業の第2位が保育者である理由の背後には，幼稚園や保育所の素敵な先生の記憶がまだ強く残っており，それが影響しているのかも

しれません。ただし，中学生で第1位や高校生で第2位である理由の中には，それに加えて，職業体験などの直接的な体験の影響もあるようです。

　保育者を志す多くの人たちは，乳幼児期の子どもに直接触れる体験の中で，自分が子どもと一緒に遊んだり，子どもに慕われたりすることを経験し，「子どもがかわいい！」と実感している場合が多いようです。そして，自分は小さな子どもが好きだと感じ，自分の存在が保育の場で生かされるのではないかと考えるようになるケースは非常に一般的だと言えます。

　その体験の場は様々です。第一には中学校や高校での職業体験や，授業での保育体験などがあります。幼稚園や保育所，あるいは地域の子育て支援センターなどで1日，もしくは数日，小さな子どもに触れる体験です。多くの人がこうしたプログラムに参加しているのではないでしょうか。第二には，親戚の小さな子ども，あるいは自分の弟や妹，近所の知り合いの子どもなどと一緒に遊んだり，お世話をするという経験です。第三には，アルバイトなどで子どもに触れる経験があるという場合もあるでしょう。

　またそれ以外に，自分の親や親戚，あるいは知り合いが保育者である（あった）など，近隣に保育に関連する仕事に関わっている人がいる場合もあります。その場合，間接的に親や知り合いの話を聞いたり，働いているうしろ姿を見ることを通して，その職業の魅力に触れることもあるようです。

マコトさん（大学3年生）の場合

　私は高校の授業で保育体験をしました。1か所は地域の子育て支援センターで，もう1か所は公立の保育所でした。小さな子どもに関わることがほとんどなかった私は，子どもに嫌われてしまうのではないかととても不安でした。ところが，保育所の4歳の男の子と鬼ごっこをしたことがきっかけで，「マコトおにいさん」と呼ばれ，子どもたちの人気者になりました。子どもに慕われることがとてもうれしく，まわりからも「マコトは保育士に向いている」と言われ，保育士になりたいと思うようになったのです。その後も，子育て支援センターのボランティアに通い，その思いを強くしていきました。

第1章　「保育者になる」ということ

❺ 保育者になりたい動機は変わっていく？

　保育者になりたいと思った動機は様々であることがわかりました。その動機の強さが皆さんの素敵な夢や希望の源にあるのだと思います。だから，その「保育者になりたい」と思った動機をこれからも大事にしていってください。

　でも，なかには，それほど強い動機がない人もいるでしょう。「何となく子どもが好きだから」とか，「親から勧められたから」など。そうした中には，保育者になることに対して，あまり積極的な思いをもてない人もいるかもしれませんね。でも，「はじめの一歩」としてはそれでもいいと思います。これから，実習を重ねたりするなど，子どもと関わる経験をする中で，「小さな子どもに関わる仕事っていいな！」「保育者っていいな！」って心を動かしてくれるような出会いがあるかもしれません。ただ，子どもの現場に出るからには，子どもに真摯な気持ちでぶつかろうと思う気持ちはもっていてほしいのです。それが，心を動かすよい出会いを導くことがあるからです。

　また，「保育者になりたい」というはっきりとした動機をもっていても，なかにはその思いが揺らぐことだってあります。でも，実習などを通して，「やっぱり保育者っていいな！」と新たに思うことだってあります。これは，新しい「保育者になりたい」動機です。次のサオリさんの事例はまさにそうした事例です。

　　　　　　　　サオリさん（短大2年生）の場合
　私は前の実習で子どもとうまく関われず，幼稚園の先生に向いていないと思っていました。でも，今回の実習では大きな手ごたえがありました。それは，障害のあるAちゃんと仲良くなれたことでした。知らない大人にはあまり心を開かない子だと聞いていたのですが，今回は自分の実習課題を「Aちゃんの思いを理解する」としました。私を避けているように感じましたが，それでも最初は毎日のように砂場に水を流して遊ぶAちゃんのそばで関心をもって見ていました。実習数日後，Aちゃんがいつも使っていたバケツがなくて困っていました。他の子が使っていたのです。それを知った私は，Aちゃんに「バケツがほしいのね」と聞き，

「じゃあ，貸してって先生が言ってみるね」と言って，使っていた子に交渉し，貸してもらえました。Aちゃんの表情はその時，無表情に見えました。でも，その後，自分が砂場で使っていた車のおもちゃをひとつ黙って私に手渡してくれたのでした。そして，私がその場で一緒に車をブーンと言いながら走らせるのを許してくれたのです。それからというもの，私の手を引っ張って要求してくれることも多くなりました。自分が子どもから信頼される存在になれたんだと思うと，うれしくて仕方がありませんでした。実習最終日には，Aちゃんを含めクラスの子たちから手づくりのメダルのプレゼントがあり，感動で，涙が止まりませんでした。「絶対に幼稚園の先生になるぞ！」と決めた実習になりました。

2 幼稚園教諭と保育士の免許・資格

❶ 幼稚園教諭と保育士

➡1　その他に，幼保連携型認定こども園で働く人のことを「保育教諭」と呼びますが，ここではまず幼稚園教諭と保育士について説明します。

　ここでは「保育者」とひとくくりにしていますが，幼稚園教諭と保育士という2つに大きく分けられます。この2つの職種には，共通する点も多いのですが，これまでの歴史や社会的な位置付けから異なる点もあります。

Work 2 ✏ 「幼稚園教諭」と「保育士」のイメージの違い

① Work 1と同様，小さなカード（たてよこ，5cmくらいが目安の紙）を1人10枚ずつ用意します。
② 「幼稚園教諭」から連想するイメージ，「保育士」から連想するイメージを自由に，思いつく限り書きだしてみましょう。1枚のカードに連想したイメージを1つ書きます。
③ 制限時間は3分間。目標はそれぞれ5枚ずつです。
④ 3分で終了です。前と同じように，あなたが書いたカードをまわりの人たち（近くの5〜6人のグループ）で集まって，見せ合ってみましょう。
⑤ そして，カードに書かれた内容が，同じものや似た内容の仲間を「幼稚園教諭」「保育士」それぞれに集めてみましょう。
⑥ いくつかの種類のカードの山ができました。次に，そのできた仲間に共通する名前（キーワード）を付けてみましょう。どのような違いが見えましたか？

第1章　「保育者になる」ということ

表1-2　保育所・幼稚園・幼保連携型認定こども園の制度及び現状の比較一覧

	保育所	幼稚園	幼保連携型認定こども園
根拠法令	児童福祉法第39条	学校教育法第22条	就学前の子どもに関する教育，保育等の総合的な提供の推進に関する法律（第2条・第9条）
所管省庁	厚生労働省	文部科学省	内閣府・文部科学省・厚生労働省
対象	保育を必要とする 　乳児（1歳未満） 　幼児（1歳から小学校就学の始期まで） 　少年（小学校就学の始期から18歳未満）	満3歳から小学校就学の始期に達するまでの幼児	満3歳以上の子ども及び満3歳未満の保育を必要とする子ども
設置・運営の基準	児童福祉施設の設備及び運営に関する基準	学校教育法施行規則第36条〜第39条 幼稚園設置基準	幼保連携型認定こども園の学級の編制，職員，設備及び運営に関する基準
保育（教育）時間・日数	・原則として1日8時間 ・延長保育，夜間保育も実施。春，夏休みなし（約300日）	・毎学年の教育週数は，39週を下ってはならない。幼稚園の1日の教育時間は，4時間を標準とすること。	・毎学年の教育週数は，39週を下ってはならない。幼保連携型認定こども園の1日の教育時間は，4時間を標準とすること。 ・保育を必要とする子どもに該当する園児に対する教育及び保育の時間は，原則として1日8時間。
職員（職種・配置基準）	・保育士，嘱託医，調理員※ （※委託することもできる） 　0歳児　3：1 　1・2歳児　6：1 　3歳児　20：1 　4歳以上児　30：1	・園長，副園長，教頭，主幹教諭，指導教諭，教諭，助教諭，講師，養護教諭，養護助教諭，事務職員 　1学級当たり幼児35人以下 　各学級選任の教諭1人以上	・園長，副園長又は教頭，主幹保育教諭，指導保育教諭又は保育教諭，主幹養護教諭，養護教諭又は養護助教諭，事務職員，調理員※ （※委託することもできる） 　0歳児　3：1 　1・2歳児　6：1 　3歳児　20：1 　4歳以上児　30：1
指導の要領・指針	保育所保育指針（厚生労働省，2017）	幼稚園教育要領（文部科学省，2017）	幼保連携型認定こども園教育・保育要領（内閣府，2017）

出所：筆者作成。

2　児童福祉施設

児童福祉施設には，助産施設，乳児院，母子生活支援施設，保育所，幼保連携型認定こども園，児童厚生施設，児童養護施設，障害児入所施設，児童発達支援センター，児童心理治療施設，児童自立支援施設，児

どんな結果だったでしょうか？　皆さんでその結果について話し合ってみましょう。

　幼稚園教諭は幼稚園で保育を行う教員（教諭）です。それに対して，保育士は保育所のみならず，保育所を含めた児童福祉施設で保育を行う福祉職です。ここではまず，幼稚園と保育所の違いから，その社会的機能について考えてみましょう。表1-2を見てください。

童家庭支援センターがあります（児童福祉法第7条より）。

▶3　保育

学校教育法上，幼稚園では「教育」，児童福祉法上，保育所では「保育」という言葉が用いられますが，世界的には care（養護）とeducation（教育）を一体的に捉えた概念として理解されることが一般的です。

▶4　教育

日本語の「教育」という言葉は「教える」というイメージが強いですが，education の本来の意味は「引き出す」というニュアンスを含んでおり，子どものよさを引き出すのが教育だと捉えることができます。

▶5　認定こども園

就学前の子どもに幼児教育・保育を提供する機能及び地域の子育て支援機能を備える一体型の施設のことです。幼保連携型認定こども園に勤務する上で必要とされる保育士資格と幼稚園教諭免許の両方を有する職員を「保育教諭」と呼びます。

▶6　2017年に公表され，2019年からスタートする教職課程コアカリキュラムでは，各大学における教職課程の内容について，一定の水準を保証するために「到達目標」が設定されました。

こうして比較してみると，幼稚園と保育所はずいぶんと異なっています。どちらも子どもを対象とした「保育」を行っているのですが，幼稚園は学校で，保育所は児童福祉施設で，所管省庁も異なります。そのため，幼稚園は「教育」的なイメージが強く，保育所は「養護」や「生活」のイメージが強くなりがちです。しかし，保育所も幼稚園と同じように子どもの「教育」をする場であります。最近では，幼稚園も長時間の保育（預かり保育）や3歳未満児の親子登園などの低年齢化が進む中で，どちらにも「養護」や「生活」としての視点が求められています。

そうは言っても，0歳児からの子どもが対象で，8時間を原則とする保育所と，満3歳児から4時間を標準とする幼稚園とは，具体的な違いも大きいのが現実です。保育者の仕事内容としても，幼稚園では園バスを利用する園が多くあるために先生が園バスに添乗することがあったり，保育所では午睡（お昼寝）や授乳等があるためそうした生活場面への関わりがあるなど，具体的な仕事内容の違いはたくさんあります。

ただ，最近では幼稚園と保育所に加え，その両方の機能を併せもつ認定こども園も年々増えるなど，幼稚園教諭と保育士の仕事内容を隔てる垣根が低くなりつつあります。幼保連携型認定こども園では，保育士資格と幼稚園教諭免許の両方が必要とされています。そうした現実も踏まえ，また同じ「保育」という営みを行う職業であることから，その違いも意識しつつ，その共通に大切なことを学んでいくことが，現在では求められる傾向にあります（表1-2）。

❷ 免許・資格を取得するには

幼稚園教諭や保育士になるためには，いくつかの方法がありますが，最も一般的なのは免許もしくは資格を取得するための養成課程を有する大学・短期大学・専門学校等に入学し，定められた科目の単位を取得して，卒業する方法です。

幼稚園教諭免許状の種類には，専修・一種・二種があります。簡単に言うと，短期大学・専門学校などの2年間以上の課程の修了者は「二種」，4年制大学など学士号を有する課程の修了者が「一種」，大学院の必要な課程修了者が「専修」となります。園によっては，種別の違いにより給与体系が異なったりすることがありますが，一

第1章 「保育者になる」ということ

表1-3 教育職員免許法施行規則に定める科目区分及び単位数

各科目に含めることが必要な事項		専修	一種	二種
領域及び保育内容の指導法に関する科目	イ　領域に関する専門的事項 ロ　保育内容の指導法（情報機器及び教材の活用を含む。）	16	16	12
教育の基礎的理解に関する科目	イ　教育の理念並びに教育に関する歴史及び思想 ロ　教職の意義及び教員の役割・職務内容（チーム学校への対応を含む。） ハ　教育に関する社会的，制度的又は経営的事項（学校と地域との連携及び学校安全への対応を含む。） ニ　幼児，児童及び生徒の心身の発達及び学習の過程 ホ　特別の支援を必要とする幼児，児童及び生徒に対する理解（1単位以上修得） ヘ　教育課程の意義及び編成の方法（カリキュラム・マネジメントを含む。）	10	10	6
道徳，総合的な学習の時間等の指導法及び生徒指導，教育相談等に関する科目	イ　教育の方法及び技術（情報機器及び教材の活用を含む。） ロ　幼児理解の理論及び方法 ハ　教育相談（カウンセリングに関する基礎的な知識を含む。）の理論及び方法	4	4	4
教育実践に関する科目	イ　教育実習（学校インターンシップ（学校体験活動）を2単位まで含むことができる。）（5単位） ロ　教職実践演習（2単位）	7	7	7
大学が独自に設定する科目		38	14	2
資格所要単位数合計		75	51	31
免許施行規則第66条の6に定める科目	体育	2	2	2
	日本国憲法	2	2	2
	外国語コミュニケーション	2	2	2
	情報機器の操作	2	2	2
資格所要単位数合計		8	8	8

➡出所：文部科学省「教職課程コアカリキュラム（付属資料・参考資料）」2017年より作成。

➡7　保育士試験

保育士としての業をなすための保育士資格を付与するために厚生労働大臣が定めた試験科目，受験手続きなどに基づいて都道府県が実施する試験制度のことです。受験資格を有する者が，保育士養成校・施設を卒業しないで保育士資格を取得したい場合の方法です。全科目に合格すると資格が与えられます。

般的には仕事内容に大きな違いはありません。

表1-3のように，幼稚園教諭免許状取得のカリキュラムの大枠は教育職員免許法施行規則に示されています。具体的な科目の名称や配置科目等は各養成校において工夫し，特色を出しています。皆さんの学校のカリキュラムはどのような特色があるか，ぜひ見比べてみてください。

一方，保育士資格には教員免許のような養成年限による資格の違いはありません。その養成カリキュラムの大枠は，児童福祉法施行規則に示されています。表1-4はその具体例です。選択必修科目などは養成校によって特色ある科目が置かれているようです。

なお，保育士資格取得には，養成校での取得他，自分で必要な科目の勉強をして試験を受けて取得を目指す，保育士試験による方法

表1-4 保育士養成課程（2019年度〜）

	系　列	教科目	履修単位数	計
必修科目	①保育の本質・目的に関する科目	保育原理（講義）	2	51
		教育原理（講義）	2	
		子ども家庭福祉（講義）	2	
		社会福祉（講義）	2	
		子ども家庭支援論（講義）	2	
		社会的養護Ⅰ（講義）	2	
		保育者論（講義）	2	
			計14	
	②保育の対象の理解に関する科目	保育の心理学（講義）	2	
		子ども家庭支援の心理学（講義）	2	
		子どもの理解と援助（演習）	1	
		子どもの保健（講義）	2	
		子どもの食と栄養（演習）	2	
			計9	
	③保育の内容・方法に関する科目	保育の計画と評価（講義）	2	
		保育内容総論（演習）	1	
		保育内容演習（演習）	5	
		保育内容の理解と方法（演習）	4	
		乳児保育Ⅰ（講義）	2	
		乳児保育Ⅱ（演習）	1	
		子どもの健康と安全（演習）	1	
		障害児保育（演習）	2	
		社会的養護Ⅱ（演習）	1	
		子育て支援（演習）	1	
			計20	
	④保育実習	保育実習Ⅰ（実習）	4	
		保育実習指導Ⅰ（演習）	2	
	⑤総合演習	保育実践演習（演習）	2	
選択必修科目	保育に関する科目（上記①〜④の系列に該当する科目）		…	9以上
	保育実習Ⅱ又はⅢ（実習）		2以上	
	保育実習指導Ⅱ又はⅢ（演習）		1以上	
教養科目		外国語（演習）	…	8以上
		体育（講義）	1	
		体育（実技）	1	
		その他	…	
合　計				68以上

➡注：2019年度より適用。

➡出所：保育士養成課程等検討会「保育士養成課程等の見直しについて——より実践力のある保育士の養成に向けて（検討の整理）」2017年より筆者作成。

もあります。

3 魅力的な保育者って何だろう

❶ 保育者がプロであるということ

　保育者は専門職です。つまり，プロです。プロであるからには，普通の人には簡単にできない独自の専門的なスキルがあるはずです。それはいったい何でしょうか？　考えてみましょう。

　ある保育者が，こんなことを話してくれました。一般の会社勤めの方に，自分が保育者であることを話したら，「いいわねえ。子どもを預かるんでしょ？　子どもはかわいいし，母親になる練習にもなるしね」と言われたそうです。また，別の方からは「毎日，子どもと一緒に遊んだり，お散歩したり，歌ったり，踊ったりして楽しそう！」と。この保育者はとてもショックを受けたそうです。

　保育者は子どもを預かって，お世話をし，遊んであげることが仕事で，ピアノや折り紙が上手で，歌って踊れて，歌や体操のお姉さんやお兄さんのようなイメージをもっている人は皆さんの中にもいるかもしれません。確かに，間違っているとは言えないでしょう。

　しかし，これらは保育者という職業の特徴を適切にあらわしているとは言えません。単に子どもを預かり，親がする子育てと同じで，子どもと一緒に遊ぶだけの仕事であれば，別に幼稚園教諭のような教員免許や，保育士のような国家資格といった専門職としての資格は必要ないことになってしまいます。また，歌って，踊って，ピアノを上手に弾いて，子どもを上手に動かすことが保育者の仕事であるとするならば，音楽講師や体操の先生の資格をもっている人が保育をした方がよいことになります。

　ですから，それらは保育者のある一面にしか過ぎないのです。では，保育者がプロであるとはどういうことから言えるのでしょうか？　保育者がプロであること，その専門性については，この『保育者論』のテキスト全体を通して考えていくので，ここで早急に答えを導くのはやめましょう。ここでは，魅力的な保育者になるとは

どういうことかを考えていきましょう。

❷倉橋惣三の『育ての心』から考える保育者

まずは，保育界の先達の言葉に耳を傾けましょう。倉橋惣三は，[8] 子どもの心もちに寄り添う保育の在り方を提唱し，我が国の保育実践に大きな影響を与え続ける「日本の幼児教育の父」と呼ぶにふさわしい人物です。『育ての心』[9] という著書の中には，保育者のあるべき姿についての言葉がたくさん記されています。その一部抜粋を紹介します。

実習などで小さな子どもと関わったことがあるならば，きっと何かを感じさせてくれるはずです。ぜひ，その意味を味わってください。そして，仲間と一緒に感じたことを語り合ってみましょう。

「驚く心」より一部引用

おや，この子に，こんな力が。……

あっ，あの子に，そんな力が。……

驚く人であることに於て，教育者は詩人と同じだ。

驚く心が失せた時，詩も教育も，形だけが美しい殻になる。

「こころもち」より引用

子どもは心もちに生きている。その心もちを汲んでくれる人，その心もちに触れてくれる人だけが，子どもにとって，有り難い人，うれしい人である。

子どもの心もちは，極めてかすかに，極めて短い。濃い心もち，久しい心もちは，誰でも見落とさない。かすかにして短き心もちを見落とさない人だけが，子どもと倶にいる人である。

心もちは心もちである。その原因，理由とは別のことである。ましてや，その結果とは切り離されることである。多くの人が，原因や理由をたずねて，子どもの今の心もちを共感してくれない。結果がどうなるかを問うて，今の，此の，心もちを諒察してくれない。殊に先生という人がそうだ。

その子の今の心もちにのみ，今のその子がある。

---

[8] 倉橋惣三

1882-1955年。大正から昭和にかけて日本の幼児教育の理論的な指導者として，保育の現場に大きな影響を与え，子どもを中心に据えた保育論を展開しました。また，その保育方法論として，「誘導保育論」が有名。著書には，『育ての心』の他，『幼稚園真諦』『子供賛歌』などがあります。

[9] 『育ての心』(上・下)

倉橋の代表作のひとつ。主に昭和初期に記された数多くの文章から倉橋自身が編集し，1936（昭和11）年に最初のものが出版。2008年に，倉橋惣三文庫として上下巻が新たに出版（フレーベル館）。エッセイスタイルで，保育者や親向けにわかりやすく書かれた文章です。

第1章 「保育者になる」ということ

「ひきつけられて」より一部引用

　子どもがいたずらをしている。その一生懸命さに引きつけられて，止めるのを忘れている人。気がついて止めてみたが，またすぐ始めた。そんなに面白いのか，なるほど，子どもとしてはさぞ面白かろうと，識らず識らず引きつけられて，ほほえみながら，叱るのも忘れている人。

「飛びついてきた子ども」より引用

　子どもが飛びついてきた。あっと思う間にもう何処かへ駆けていってしまった。その子の親しみを気のついた時には，もう向こうを向いている。私は果たしてあの飛びついてきた瞬間の心を，その時ぴったりと受けてやったであろうか。それに相当する親しみで応じてやったであろうか。

　後でやっと気がついて，のこのこ出かけていって，先刻はといったところで，活きた時機は逸し去っている。埋めあわせのつもりで，親しさを押しつけてゆくと，しつこいといったようの顔をして逃げていったりする。其の時にあらずんば，うるさいに相違ない。時は，さっきのあの時であったのである。

　いつ飛びついてくるか分からない子どもたちである。

「教育される教育者」より一部引用

　教育はお互いである。それも知識を持てるものが，知識を持たぬものを教えてゆく意味では，或いは一方が与えるだけである。しかし，人が人に触れてゆく意味では，両方が，与えもし与えられもする。

　幼稚園では，与えることより触れあうことが多い。しかも，あの純真善良な幼児と触れるのである。こっちの与えられる方が多いともいわなければならぬ。

「子どもらが帰った後」より一部引用

　子どもが帰った後で，朝からのいろいろのことが思いかえされる。われながら，はっと顔が赤くなることもある。しまったと急に冷や汗の流れ出ることもある。ああ済まないことをしたと，そ

の子の顔が見えてくることもある。——一体保育は……。一体私は……。とまで思い込まれることも屡々である。

大切なのは此の時である。此の反省を重ねている人だけが，真の保育者になれる。翌日は一歩進んだ保育者として，再び子どもの方へ入り込んでいけるから。

▶10 大豆生田啓友・木村明子『幼稚園教師になるには』ぺりかん社，2009年より一部引用。

❸ あるベテラン保育者へのインタビューから ▶10

次に，ベテランの保育者の言葉から学んでみましょう。M先生は28年間にわたり幼稚園教諭をやってこられたベテランのとても魅力的な保育者です。ここでは，M先生へのインタビューを行った言葉に，先にあげた倉橋の『育ての心』の引用の文章と重ね合わせながら，魅力的な保育者であることについて考えてみましょう。

子どもとの毎日が幸せ

毎日毎日が楽しくて幸せですよ。その子どもの思いがけない姿に出会うと，私，ほんとうに幸せな気持ちになるんですよね。

真冬の寒い朝，園庭の築山一面に霜柱が立った日がありました。登るのも降りるのもツルツル滑ってしまうほど，すごい霜柱でね。私，斜面が苦手で，「怖いね，滑りそうだねぇ」と口にしたら，築山のてっぺんで，スコップを手に，霜柱をすくっていたSくんが私の方を見て，「このシャベルを使うといいよ！」と言うんですよ。確かにスコップを杖代わりにすると登りやすい。

山のてっぺんで「これを使うといいよ」と言ってくれたSくんは4歳。なんと頼もしいことでしょう。私はSくんにお願いしたわけではないんです。ただ，「滑りやすいね」「ドキドキしちゃうね」，というようなことを一緒にいた子どもたちと話していただけです。それを聞いて，彼が彼なりに考えて私に声をかけてくれた，こうした方がいいと自分で判断して，それを伝えてくれた……。私，こういう時，たまらなくうれしい気持ちになりますね。

それから，以前の園でクラス担任をもっていた時には，子どもたちと一緒に話し合って人形劇を作ったことがあるんですが，上演の時，舞台裏で「しーっ」ておたがいに言い合いながら，本当は笑い出してしまいたいのをこらえて，息を潜めてしゃがみこんでいる……。そういう時もほんとうにワクワクしますよ。数え上げたらきりがないほど，いろいろな時，楽しい時が，毎日，いく

第1章 「保育者になる」ということ

つもいくつもあるというのが，この仕事のいいところだと思うんです。

　子どもと一緒にいる毎日の生活が楽しいというM先生の姿が見えてくるようです。素敵な保育者ほど，ワクワクするような子どものエピソード，子どもの成長の素晴らしさをよく語ります。つまり，倉橋の「驚く心」のように，子どもの姿に心を動かしているからです。そして，子どものいまその時の「心もち」を汲む保育者であり，舞台の裏で笑ってしまうような子どものいたずら心にも共感してしまう保育者だからでしょう。そして，子どもから学ぶ姿勢のある「教育される教育者」であることもわかります。まさに，目の前の子どものいまの心もちを理解し，共感的に関わり，子どもと共に心を動かして歩む保育者であることがわかります。だから，魅力的なのでしょう。

　しかし，そんなM先生ではありますが，いつもそういう時ばかりではないようです。次の記録を読んでみましょう。

> 「子どもが見えなくなる」苦しさ
> 　子どもが見えなくなる時がありました。「子どもが見えない」というのは，まず，担任である自分に，子どもたちが"遊べてないように見える"んです。そして，（中略）「自分は幼稚園の先生に向いていない。もう幼稚園の先生をやめよう」と思い詰めたこともありました。
> 　不思議なことに，保育って，悪くなり出すと，どんどん悪くなっていくんです。自分は，子どもが「楽しい！」と心底感じるような時間を作りたいと願っているのに，その自分自身がだんだん険しい顔になっていって，むやみと子どもを叱ってしまうなど，私自身が少しも楽しそうな顔をしていなかったと思います。でも，本人はそういう状況に気付きませんから，ほんとうに苦しかったですね。
> 　ある時，その勤務先の幼稚園で，保育研究会が開かれ，他の園の園長先生がおいでになりました。
> 　その時，保育室の水道のところで子どもたちが水風船を蛇口にくっつけ，膨らませて遊んでいました。私は，その姿を見て，つい，「また始まってしまった！　すぐにやめさせなければ!!」と思ってしまったんです。ところが，私がそう思った瞬間，となり

17

にいらしたその園長先生が，「おっ，あの子，おもしろいことを
してるね！　いいね，いいね，すごーい！」と，その子のしてい
ることを賞賛する言葉を何回もおっしゃるんです。それを聞いた
私は，突然，憑きものが落ちたように，「私いったいどうしてい
たんだろう……」って思ってね。

　保育者は，子どもの思いに共感するだけでなく，子どもが自ら主
体的に豊かな経験ができるよう，計画を立て，環境を構成したり，
クラス運営を考えるなど，様々な働きかけをしていきます。保育は
教育でもありますから，そうした点もとても重要です。でも，子ど
もに「こうあってほしい」という保育者側の願いや意図が強くなる
と，どうしても子どもの思いが見えなくなってきます。M先生のよ
うな魅力的な保育者でもこういうことがあるようです。
　この場合，その危機を乗り越えたのは，他園の園長先生からの一
言でした。M先生は他の保育者の言葉から自分の保育の在り方を見
直しています。ここに振り返りの姿勢がみられます。
　倉橋は「子どもらが帰った後」の中で，日々の振り返りの大切さ
を述べています。基本は日々の自分自身の振り返りにありますが，
このような他の保育者（同僚，親，地域の人，他の専門職等）の見方
から，子どもを理解することの原点を学ぶ姿勢が非常に大切である
ことがわかります。M先生が魅力的なのは，このように子どもと共
に歩む人であると同時に，自分を振り返る姿勢のある人であること
もあげられるでしょう。

❹ 魅力的な保育者になるために

　素敵な，専門性の高い保育者になるためには，たくさんの知識と
技術を習得することが必要です。年齢や発達に応じた遊びを知るこ
と，子どもと楽しく歌ったり，踊ったりするための知識や技術，赤
ちゃんへの授乳の仕方や，食事のこと，おむつ替えのこと，安全や
健康管理のこと等々，必要な知識や技術はあふれるほどあります。
これから，たくさん学んでいかなければなりません。
　でも，知識と技術だけでは保育はできません。生身の人間として，
実際の子どもを目の前にして，その場，その場で子どもの思いを理
解し，それに対してどう対応すべきかを「判断する」力がとても重

要です。その力を培うためには，子どもに実際に触れる機会が重要です。実習をはじめ，子どもに触れる機会を大事にし，いま，ここで，子どもはどのような思いでいるかを，見て，感じながら，それを振り返る中で，「いま，どうしたらよいか」と判断する力を養っていきましょう。そうすることで，これまでに学んだ知識や技術が実践の場で生かされていくのです。

Book Guide

- 大豆生田啓友・木村明子『幼稚園教師になるには』ぺりかん社，2009年
  幼稚園教師になるための基本的な情報が満載の初心者向けのわかりやすい本です。実際の幼稚園の先生たちへのインタビューも含め，職業としての幼稚園教諭の魅力にあふれる内容が掲載されています。
- 金子恵美（編著）『保育士になるには』ぺりかん社，2014年
  保育士になるための基本的な情報が満載の初心者向けのわかりやすい本です。実際の児童福祉施設の現場で働く保育士たちへのインタビューも含め，職業としての保育士の魅力にあふれる内容が掲載されています。

Exercise

1. 自分がなぜ，保育者（幼稚園教諭・保育士など）になりたい，あるいは興味をもったのでしょうか？　幼少時代から現在までの自分のライフヒストリーを作成して，考えてみましょう。
2. そして，なぜ保育者になりたいと思ったか，その理由について，クラスメイトと意見交換をしてみましょう。

第2章
保育者の1日
──具体的な仕事の流れに見える保育者のまなざし──

保育の仕事とはどんな仕事でしょう。給食の時間って何をしているのでしょうか？

保育の仕事は忙しいものです。遊ぶことだけでなく，着替えること，食べること，排せつすること，清潔にすること，寝ることなどたくさんのお世話があります。でも，単なるお世話ではありません。給食の時間であれば，「こぼしちゃった」「食べたくない」などの声にも丁寧に応じます。「こぼしちゃった」子の気持ちをもち直す声かけ，「食べたくない」子が食べようという気持ちになる声かけ。何か，魔法をかけられたかのように食べ始める子もいます。先生はどんな声をかけているのでしょう。写真のように，年齢や場合によっては，一人一人丁寧に口に運んでもあげます。給食の時間も先生のお仕事はたくさんあるのです。

第2章　保育者の1日

表2-1	H保育園の1日のおよその流れ
7：00～	子どもたち各々登園
～9：00	一時保育の部屋で室内遊び
9：00～	「あひる」組で室内遊び
10：00頃～	散歩，園庭遊びなど
11：00～	給食
15：00～	おやつ
16：00～	室内遊び（園庭遊び）
	順次降園～
～20：00	延長保育

　本章では，出勤～退勤までを追って，保育園で働く保育者の仕事の実際をお伝えしていきます（表2-1）。

　東京都多摩地域にある「H保育園」に勤めるMさんは，保育者養成校を卒業して3年目。「保育実習」の縁でこの園に勤務することになりました。今年度の担当は1歳児クラス「あひる」組，子どもたちは15人。常勤職員3人と時間勤務職員2人，合わせて5人の職員がシフト（ローテーション）を組み，基本的にクラス内に常に保育者が3～4人勤務する人員配置になっています。

1　1日のスタート

〈1日のはじまりはじまり～〉

　出勤してすぐに，Mさんは，通勤着（私服）から仕事着（動きやすい服装）に着替えました。

【comment】　仕事着は，子どもたちと存分に遊べる服装，自分が楽に動ける服装が一番です。子どもたちは大好きな先生に身体ごと預けてきます。先生のエプロンを触った手を口に入れることもあるかもしれません。子どもの気持ちになって，ぜひとも動きやすく清潔な服装を。また，体を締め付けるスタイルは勧められません。体調不良の原因となることもありますし，どんな時でものびのびと気持ちよく呼吸できる服装が，何より保育者としての自然な笑顔につながります。

〈出勤簿にチェック〉

　出勤簿に「出勤」のチェックを入れます。

【comment】　幼稚園は職員の出勤～退勤の時間にばらつきがないところが多いのですが，保育園の場合は，最長13時間（あるいはそれ以上のところも）を担うために，早番・普通番・遅番などローテーションを組み，園全体がチーム体制を組んで保育に当たります。そのため，一人一人「出勤～退勤」時刻を記載していきます。なかにはタイムカード管理をしている園もあり，勤務状況の記録の仕方はいろいろです。

➡　同じ保育所でも年齢・クラスにより状況は異なります。また，幼稚園は，1日の教育時間は4時間とされていますが，預かり保育の取り組みなどもあり，園によって様々です。

〈子どもたちの受け入れ〉

　H保育園の開所時刻は午前7：00。毎日，Mさんより早く登園してきている子どもたちもいます。

【comment】　早番の保育者は，玄関先やそれぞれのクラスの保育室で子どもたちを受け入れます。子どもを連れてくる保護者はとても忙しい様子ですが，できるだけ，前日に降園してから今朝登園してくるまでの子どもの様子などを聞いておくと，保育に向かう気持ちの準備ができます。もちろん，登園してきた子ども自身にも目を配りましょう。元気よく「おはよう！」とこちらと目を合わせるか，だるそうな様子はないかなど，朝の視診（目で見て体調・機嫌などの様子を判断すること）を忘れずに。また，保護者から抱っこで子どもを受けとめた時に首の後ろに手を当てて，熱っぽくはないか，冷や汗をかいていないかなど，体調を見取ることもひとつのポイントです。

〈連絡帳に目を通す〉

　Mさんは早速，自分が出勤する前に登園してきている子どもたちの連絡帳に目を通しています。

【comment】　「連絡帳」は，家庭と保育園とが子どもの様子を知らせ合うノートです。家庭からは，昨夜の寝つきの様子，朝食の有無などを，また，保育者からは園での子どもの様子などをそれぞれ書き込みます。保護者との貴重なコミュニケーション・ツール（道具）のひとつです（登園・降園時共に保護者と顔を合わせることができる場合など，連絡帳を使っていないところもあります）。

〈子どもたちに「おはよう！」〉

　午前9：00になりました。Mさんたち「あひる」組担任は，早朝受け入れをしている「一時保育室」にクラスの子どもたちを迎えに行きます。

【comment】　H保育園では，午前7：00の開所時から登園してくる子どもたちを，「一時保育」の部屋で受け入れて，毎朝9：00になると，担任が，その「一時保育」の部屋に迎えに行きます（これはH保育園のケースです。その園によっていろいろな受け入れ方法があります）。一時保育室のおもちゃをいっぱい出して遊んでいた子どもたち。先生は声をかけながら，一緒に片付けていきます。口で「片付けなさい」と告げるのではなく，保育者が一緒になって，片付けることを遊びにしてしまうように取り組むと，子どもたちの動きも軽やかになっていきます。

第2章 保育者の1日

〈給食室の前で〉
　一時保育室から1歳児「あひる」組の部屋に向かう途中，子どもたちは，給食調理室の前に置かれていた野菜類（にんじん，たまねぎ，じゃがいも）に気付きました。「この野菜を料理して，今日の給食の時にみんなで食べるんだよ。今日のメニューは何かな……？」。先生の声かけに，みんなは首をかしげつつ，興味津々な様子で，野菜を手に重さを確かめて，その肌触りも味わっています。

【comment】　H保育園の給食調理職員は，毎日，その日の給食の主な材料（主に野菜など）を給食調理室前のテーブルの上に並べています。食育はできる限り園全体で，おいしいご飯（給食）から。季節の行事などに食育の視点を盛り込む「行事保育」と「日常的保育」の営みに含まれる食育的な取り組み，その両方から考えていくと食育はより豊かになっていきます。

〈保育室には生き物〉
　「あひる」組の保育室で飼っている金魚にえさをあげるMさん。先生の手元をじっと見つめる子どもたち。

【comment】　多くの子どもたちは生き物が大好き。年長組などでは，子ども同士で話し合って飼育係の当番を決めることもあります。1歳児クラスで金魚にえさをあげている頃，園庭では，年長組当番さんがニワトリの世話をしているかもしれません。

　虫，魚，鳥，動物など，保育者がいろいろな生き物を共に見つめることで，子どもたちの生命への関心は深まります。そのためにも，園内で飼育する機会が多い動植物の生態の基本は学んでおきたいもの。子どもたちにとって保育者は，何でも知ってる「物知り博士」。時には魅力的な理科の先生ともなるのです。

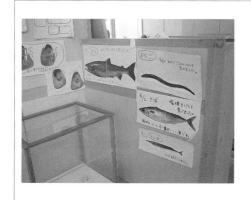

〈コラム〉給食室との連携
　保育の一日のリズムは給食室が刻むといっても言い過ぎではないかもしれません。給食，おやつ，延長保育の子どもたちのための夕方の軽食など，給食調理の仕事が保育の流れにスムーズに沿っていると，子どもたちをむやみに待たせることもありません。そして，給食室の職員は，子どもたちの食育を積極的に担っていくことができる貴重な存在でもあります。写真は，H保育園の栄養士が，「切り身」で食卓にのることが多い魚の「全身」をポスターにして子どもたちに知らせている様子。その他，折々の旬の食材や，地方特産の珍しい食べ物なども，実物を展示して子どもたちの食への興味関心をかき立てる取り組みを重ねています。

2 午前中の保育

〈午前中の自由遊び〉
　クラスの子どもたちが揃うまでの間，すでに登園している子どもは，それぞれ好きなことをして遊んでいます。
【comment】　おもちゃは，できるだけ子どもの目がつくところへ，手が届くところへ。ほしいものがほしい時に自分で取り出せる環境は，子どもたちの"自分でしたい！"という気持ちを支えます。

〈園庭で遊ぼう〉
　今日は，子どもたちは「園庭チーム」と「公園お散歩チーム」の2チームに分かれて外遊び。Mさんは園庭チームにつきました。縁側で靴を履いて，さあ，遊ぼうね。
【comment】　クラス全員一緒に園外へ散歩に出かけることもありますが，このように二手に分かれることもあります。それは，子ども同士の関わり合いを決め込まないように，仲良し同士は心地よい関係を深め，友達関係も広げていってほしいからです。また，少人数の場合は，子どもたちはそれなりにくつろいでいますし，大勢の時には，「みんなで！」多人数の勢いを楽しむことができます。グループ分けにはグループ分けの意味を，一斉活動には一斉活動の意味を，担任保育者は，子どもたちの様子を見ながらそれぞれの意味を考えながら保育していきます。

〈虫除け〉
　園庭で遊び始める前に，Mさんは，子どもたちから蚊を遠ざけるために虫除けスプレーを吹き付けています。
【comment】　子どもたちにはなるべく化学薬品などを使いたくないもの。この「虫除けスプレー」は，園の看護師が天然の「ハーブエキス」を素材にして作っています。
　スプレーを吹き付けながら，Mさんは子ども一人一人に話しかけています。その際の目線は，子どもと同レベルか，やや下方から見あげるくらいで。背の高い大人が上から見下ろすと，子どもたちの緊張感が高まりがちです。密に関わり合う目線でいながら，

第2章 保育者の1日

必要な時には，子どもたち全体の動きを俯瞰する視点ももつ。保育者の目線は自在でありたいと思います。

〈砂遊び〉

　さぁ，遊ぼう！　子どもたちは砂遊びが大好き。すくったり山を作ったり足の先を埋めてみたり……。もちろんおままごとの「おいしいお料理」にもなります。おもしろい砂の遊び方を見つけた男の子が，先生のところにやってきました。

【comment】　お団子や山を作って遊んだり，何かの材料に見立てたり，あるいは，掘ったり積み上げたり，砂場には無限の遊びが展開します。加えて，砂独特の触感も子どもたちのお楽しみのひとつです。

　Mさんは，子どもたち一人一人の様子に目を配りながら，また，時に声をかけながら，子ども同士の関わりも見守っています。

〈アクシデント発生〉

　大変！　一緒に砂場で遊んでいた年中クラスの男の子の目に砂が入ってしまいました。そばにいたMさんは，すぐさま水道で目を洗っています。

【comment】　この男の子は，その日のうちに，眼科医の診断を受けて大事には至らずに済んでいたことがわかりました。

　保育者誰もが，子どもにけがをさせたくない気持ちでいても，不意の事故は起こりえます。常日頃から「ヒヤリハット」の目線で事故が起きやすいような箇所をチェックしておくこと。そして，万が一，事故が起こったり，子どもがけがをしてしまったりした時には，すぐさま手当てをし，通院要不要の判断を下すのはもちろん，その後で，「どういう状況で起こったか」「どのように対処したか」を丁寧に保護者に伝えましょう。

〈コラム〉育てるうれしさ・育つ喜び

　園庭の片隅に，子どもたちみんなと植えた野菜の種。芽がでて葉がぐんぐん大きくなって，やがてどんな花が咲くか，そして，どのような実がなるか……子どもたちは待ち遠しくてなりません。そういう気持ちを盛りあげるのは，保育者の言葉，一言添えたプレートなど，何げない日々の保育者の働きかけです。子どもたちと一緒に緑の成長を楽しむ気持ちが，子どもたち自身の緑を慈しむ気持ちも育てます。

〈園庭の動物と共に〉

　「あひる」組の子どもたちが，園庭で飼っているニワトリを一心に見つめています。

【comment】　より多くの生き物とふれあうきっかけを園環境の中に用意することで，子どもたちの興味関心はどんどん広がっていきます。保育者は，日頃から園で飼育できそうな動物の特徴や育て方のコツなども学んでおきたいもの。と同時に，ミミズや虫など，万が一，保育者本人が苦手な場合もある生き物も，とりあえず子どもの前では一見平気な顔をしておきたいもの。先生の表情をよく見ている子どもたちの前で好悪の表情をちょっと抑えることで，その生き物への先入観を植え付けずに済むかもしれません。

〈配慮をプラス〉

　「鉄棒で遊びたい！」と言い出した女の子２人。その様子を見たＭさんは倉庫からバスマットを取り出し，鉄棒の下に敷きました。

【comment】　バスマットが敷いてあれば，鉄棒にぶら下がった２人が，お尻から落ちたとしてもクッションが衝撃を和らげてくれることでしょう。

　子どもが「こうしたい！」という仕草を見せたら，存分に遊べるように，何げなく手を添える。子どもの様子をよく見ている保育者ならではの動きです。

〈年長さんたちのリズム遊び〉

　同じ頃，園庭の中央では，幼児組（３〜５歳の異年齢縦割りクラス）の子どもたちが先生と一緒にリズム遊びに興じていました。フリフリ，ウキウキ，歌って踊っているお兄ちゃん・お姉ちゃんの様子が，「あひる」組の子どもたちの目にも入ります。

【comment】　１世帯当たりの子どもの数があまり多くない現代社会においては，このような場（園庭など）で年齢差のある子ども同士がふれあう機会はとても貴重です。クラスごとに分かれた活動だけではなく，自然とお互いが視野に入る園の日々，異年齢の子どもたちが一緒に活動していく毎日は，人間関係を豊かにし，いろいろな人と関わっていく力を育てていきます。

第2章 保育者の1日

〈視線の先には〉

　2歳児「うさぎ」組の子どもたちが滑り降りようとする視線の先に、1歳児「あひる」組の子どもたちが見えました。「お〜い」と呼びかける2歳児担任のSさん、それに応えて土手の下で手を振る1歳児担任のMさん。

【comment】　一見、何でもないやり取りです。ですが、子どもたちは、クラスごとの担任同士の呼吸をしっかり感じています。先生同士の仲がよく、笑顔を交わせる関わりは、和やかな園の雰囲気作りにつながります。

〈おかえりなさい、お散歩組さん〉

　今日の午前中、2チームに分かれた1歳児「あひる」組。散歩に出かけたチームが帰ってきました。歩いて帰ってくる子、立ち乗りバギーに乗っている子、それぞれ、その子のその日に合わせて、行きも帰りもいろいろです。

【comment】　1歳児の秋口、外に散歩に出るのは週に2〜3回という「あひる」組。季節の様子、子どもたちの体調、成長発達の様子などを考え合わせて、お散歩の頻度や出向く場所を考えています。たとえ、出かける先がいつも同じ公園であっても、子どもたちのお散歩は、「毎日新しいお散歩」です。というのも、子どもの目はいつも「発見したい気持ち」でいっぱいです。公園までの道ばたで昨日とは違う何かを見つけるかもしれませんし、顔なじみになっている近所の人とあいさつするやり取りをうれしく思うこともあるでしょう。子どもたちのお散歩の楽しさは多彩です。その楽しい気持ちは、保育者のちょっとした声かけ、また、子どものつぶやきに応える保育者の一言で、さらにうれしさが増し、そうして子どもの心は育っていきます。

〈コラム〉倉庫の整理整頓

　シャベル、スコップ、猫車、三輪車、縄跳び、ボール……子どもたちが園庭で遊ぶ道具を数えたらきりがないほどあるでしょう。それらを、遊びたい時にすぐに取り出せるように、また、遊び終わったら無理なく戻せるように、子どもたち自身にも「どこに何があるか」一目でわかるように整えておくと保育がスムーズに進みます。

　また、整理整頓と合わせて、おもちゃや遊び道具のメンテナンスに気を配ることも忘れずに。壊れているおもちゃはないか、動きが鈍くなっている遊具はないか、子どもたちが安全に、安心して思いっきり遊べるように、チェックは日々常に怠りなく。

〈こんにちは，赤ちゃん組さん〉

「どこに行ってきたの？」。話しかける0歳児「ひよこ」組の担任に，子どもたちは，「おさんぽいってきたの。ほ〜らね！」と，公園で取ってきた猫じゃらしを見せています。

【comment】 小さな1歳児「あひる」組も，0歳児たちのところにやってくると，すっかりお兄ちゃん・お姉ちゃん気分のようです。幼児組（3〜5歳児）は異年齢縦割り構成にしているH保育園ですが，年齢別クラスの0〜2歳児たちも，異年齢の交流は日常的です。加えて園では，職員43人（非常勤職員含む）全員で，子どもたち120人（一時保育含む）を育てていこうという姿勢をとっています。多くの保育者のまなざしを注ぐことで，子どもの成長を見守る視点がより豊かになっていくと考えているのです。

〈つまみ食いのうれしさ〉

もうひとりの担任Tさんにおねだりして，赤くなったミニトマトをつまんでいる子どもたち。思いっきり背伸びして，「これが一番赤くて美味しそう！」

【comment】 大人でも，育てているトマトが次々と赤くなる様子を見ると，待ちきれない気持ちになるでしょう。子どもなら，はやる気持ちはなおさらです。そういう時は，ちょっとだけつまみ食い。自分で選んでがんばって取った一粒を嚙みしめたら満足感いっぱいに違いありません（ただし，ミニトマトはまれに誤嚥・窒息事故の原因ともなりますので注意は必要です）。子どもは，特定の（大好きな）大人に自分の気持ちをわかってもらえる，希望や願いをかなえてもらえるという実感を重ねることで人への信頼感が育まれていきます。この人なら大丈夫と「人を信頼できること」は，「自分は大丈夫と思えること（自尊感情）」とゆるやかにつながっていくのです。

〈コラム〉子どもが独りでいる時間

子どもは子ども同士一緒になって遊びたくてたまりません。成長するにしたがって，友達命（ともだち・いのち）にもなっていきます。けれど，始終誰かと一緒に居続けるだけではなく，時には独りの時間も必要なようです。思い切りはしゃいだ後にほっとしていたり，あるいは放心していたり。子どもにも大人と同じようにいろいろな気持ちの時があります。「いま，その子はどういう気持ちでいるのかな……」と，想像を巡らせたなら，時にはあえて"独りの時間"を放っておいてあげることにも，保育の意味があるかもしれません。

〈足を洗おう——水場は大切〉

園庭で思いっきり遊んだ子どもたち，お散歩先の公園で転げ回った子どもたちの足は泥だらけ。Mさんは，丁寧にぬぐいつつ洗います。

【comment】 子どもたちの園生活は水と共にあると言っても過言ではありません。飲むための水，給食調理などの水はもちろんのこと，手を洗う，うがいをする，足を洗う，おむつやパンツなどをすすぐ……。それらの水場はどのように配置されていて，どのように動けば無理なく保育が営まれるでしょうか。設置されている水栓などの機器は，動かしようはないかもしれませんが，時には，「園内の水場」と保育の動線を考え直してみると，意外な発見があるかもしれません。

〈着替え・おむつ替え〉

外遊びを終えて手足をきれいにしたら着替えます。なかにはひとりで着替えようとしている子も，また，先生が着せ替えてくれるのを待っている子もいます。

【comment】 月齢ごとの成長差が著しいこの時期は，全員にひとりで着替えることを強いるのは無理があります。一方，ベルトコンベヤーに乗せるように次々と保育者が着替えさせることは，自分で着替えたい子どもの気持ちを削ぐことにもなります。子ども一人一人の，「もう，できること」「まだ難しいこと」，でも「したがっていること」……などを見極めて必要十分な手を添える。これも日頃から一人一人の成長を見守っている保育者だからこそできる保育です。

表2-2 「H保育園」1歳児「あひる」組9月第2週 週案（日案）

週 案	(テーマ) 身体を十分に動かして遊ぶ		
		配慮点	反省・課題
9月11日（金）	①散歩「虫公園」	主に高月齢の子どもたち。歩くことを楽しめるように見通しをもたせる。安全留意。	ワゴンを見て乗りたがる姿があった。「バッタがいるかな？」などと話すと興味をもって探し始める子（AちゃんとBちゃん）もいた。
(①と②，2グループに分かれて活動)			
	②園庭	好きな遊びをじっくり楽しめるよう，環境を作っていく。	異年齢での関わりが多く，楽しめた。幼児の遊びを見て同じことをしたがっていた。
1週間を振り返って		月初からの新入園児がいるため，保育者4人態勢で保育ができ，2グループに分かれる時大人（保育者）がそれぞれ2人ずつつくことができて，ゆったり保育ができた。	

➡注：p. 26～p. 31に実際の様子が示されています。記録については，p. 38～を参照してください。
➡出所：筆者作成。

3 給食

〈さあ，お昼だ〉

ひとりの担任が絵本を読んでいる間に，もうひとりの担任がすばやく給食の準備を進めていきます。

【comment】 おなかがすいている時間ですが，子どもたちを待たされている気持ちにさせることなく，担任同士が連携をとって，準備を進めていきます。ひとつのテーブルにつくのは，保育者1人に子どもたち4人。担任が子どもたち全体の様子が目に入るように，テーブルの位置関係も考えています。

〈自分のエプロン探せるよ〉

中途入園してまだわずか2週間目のHちゃん。ひとりで自分の給食エプロンを取り出してつけようとしています。

【comment】 給食は毎日のこと。その流れが子どもたちに伝わっていたら，たとえ1歳児クラスの子どもたちでも，「いま，何をするのか」が自然とわかってきます。

エプロン（前かけ）や，給食後に使う口ふきタオルなどは，一人一人の置き場所がわかるようにケースに入れておけば，いつしか自分で取り出して使うようになっていきます。保育に余分な手間をかけることなく，かつ，子どもの自主性を支える小さな工夫のひとつです。

〈給食の準備，着々……〉

食器に次々と給食をよそって配膳していく担任。子どもたちはおとなしく待っています。

【comment】 なかには「せんせいのおしごと」を手伝いたがる子どももいます。それは，「先生がしていることを一緒にしたい」気持ちから。そういう時，担任は，「座っておとなしく待っていなさい」と制するのではなく，子どもの言葉やしぐさを十分に受けとめながら，一緒に準備を進めていきます。

第2章　保育者の1日

〈実はその頃，隣の部屋では……〉

給食の準備が着々と進む頃，隣の部屋では別の子どもたちが紙芝居を読んでもらっていました。

【comment】　クラス15人の子どもたち全員が同時に給食を食べようとすると，人数分，準備の時間もかかり，子どもをずいぶんと待たせることになってしまいます。そこで，その日，早く登園した子どもやおなかがすいている様子の子どもたちのグループを「給食・前半チーム」に，遅めに登園した子どもたちのグループを「給食・後半チーム」と，食べ始めの時間を少しずらしています。二手に分かれることで，子どもの「待たされる」ストレスをずっと軽くすることができます。

〈おいしい？　おいしいねぇ〉

今日はみんなが大好きなカレーライスです。「いただきま〜す！」。一斉にスプーンに手が伸びる子どもたち。Mさんは，言葉をかけながら，給食補助（子どもたちの食べる様子をフォロー）しています。

【comment】　午前中，思いっきり遊んだ子どもたちはおなかがぺこぺこです。担任は，喫食状況（食べる様子）を見ていきます。食欲はどうかな。今日のメニューに好き嫌いはあるかな。食べる意欲は生きる意欲。子どもたちの体調なども一番伝わってくるのがこの時間です。

〈食べながら保育しながら〉

もうひとりの担任のTさんが，子どもたちと一緒に給食を食べ始めました。子どもたちと話しながら，食べながら，同時に，給食後の口ふきタオルを探す子どもの様子にも応えながら。

【comment】　1歳児クラスの子どもたちに対して丁寧に給食補助することを考えると，担任全員が一度に子どもたちと給食を食べるのは，この時期はまだ難しい模様です。今日は早番のTさんひとりが，先に子どもたちと一緒に給食を食べています。けれど，子どもたちと一緒ですから，話しながら食べながら，加えて，食後の口ふきタオルを受け渡しながら。食事の場面のみならず，保育者はある意味，"ながらの達人"ともいえるかもしれません。

33

〈お昼寝前のひと時〉

　先に食べ終わった子どもたち。満ち足りたひと時です。Mさんの膝に乗る子,「僕が読むよ！」と大好きな絵本を取り出す子。おや,読むうちに愉快な気分になってきて,3人とも笑いが止まらなくなりました。

【comment】　先生がどういう気持ちでいるか,意外と子どもたちは敏感です。また,先生が他の子どもにどのように話しかけているか,その様子も感じています。「僕たちと一緒で楽しい？」。大好きな先生には,自分たちと同じような気持ちでいてほしいに違いありません。保育者の仕事は忙しいけれど,子どもたちと丁寧に向き合うひと時も大切に。

4　午睡〜おやつ

〈みんなで布団を敷こう〉

　クラス全員が給食を終えたら,午睡（お昼寝）の準備です。子どもたちは,お昼寝布団の下に敷くゴザを我先に広げていきます。

【comment】　「自分でしたい」気持ちいっぱいの子どもたち。気持ちを合わせてみんなで一緒に支度したなら,すぐにお昼寝準備完了です。

〈自分の場所は決まってる〉

　子どもたちの手際もなかなかのもの。布団を敷いたら,枕を並べて,タオルケットをかけて,どんどん進めています。

【comment】　いつものお昼寝ですから,子どもたちも,「次に何をするか」がわかります。自分の場所,友達の場所,分けて並べていきます。

　ゴザや布団を敷く時,担任のMさんはむやみに動いていません。タイミングよく声をかけ,「みんなでお昼寝の準備」を終えました。毎日の積み重ねが,生活習慣を育み,生活リズムが丁寧に刻まれることにつながっていきます。

〈おむつ替えとトイレ〉

　午睡（お昼寝）の準備が整ったら，トイレタイムです。ひとりずつ，ある子はおむつ交換をしてもらい，また，そろそろトイレで排せつできそうな子は，先生に誘われてトイレに向かっています。

【comment】　H保育園では，「トイレットトレーニング」については，「一人一人の成長に合わせて」と考えています。自分より月齢が高い子どもがトイレに行く様子を見ると，ついついまねしたくなるのが子どもたち。いまはおむつが必要な時期であっても，何回か誘ううちに，見よう見まねで便器を用いて排せつできるようになっていきます。

〈紙芝居，紙芝居〜〉

　おなかがいっぱいになって，トイレも済ませてすっきり。すると，「はじまり，はじまり〜」。午睡前のひと時，先生が紙芝居を読んでくれます。

【comment】　日頃からいろいろな絵本や紙芝居の作品に触れておく，また，その読み方（演じ方）を学んでおくと，いっそうその作品のおもしろさを伝えることができます。物語の世界，動物や植物などの科学の世界など，絵本や紙芝居は子どもたちの世界をぐんと広げてくれる保育素材。保育の教材研究の取り組みは，「目の前の観客」である子どもたちがすぐにその成果を伝えてくれるでしょう。

〈先生のトントンが好き〉

　優しくトントンしているMさん。子どもたちは自然と眠りに入っていきます。

【comment】　入眠のタイミングは一人一人違います。なかなか眠れない子どもには，穏やかに言葉をかけながら，時には絵本を読んであげるなど，気持ちを静めていき，保育室全体に「おやすみ……」の空気を醸し出していきます。

〈夢の中……〉

　しーんとしている保育室内に，子どもたちの寝息だけが響いています。でも，担任は決してそばを離れません。

【comment】　すっかり眠り込んでいる子どもたち。でも，担任がそばを離れることはありません。規則正しく呼吸しているかなど，子どもたちを見守り続けます。うつぶせに眠っている子どもは，仰向けに返して姿勢を変えるなど，乳幼児突然死症候群（SIDS: sudden infant death syndrome。主に1歳未満の健康に見えた乳児が，突然死亡する疾患。原因は不明といわれ，頻繁な観察が有効かつ重要とされる）への対策も怠りません。

〈ひとり遊びはいつだって……〉

　おや……，みんなお昼寝に入っているというのに，ひとり，遊んでいる子がいました。

【comment】　この女の子は，すぐに眠る気になれない，あるいは，何か気になっていることがあったのかもしれません。こういう時は，無理に寝かし付けずに，その子の気持ちがすむまでしばらく待ってみることもひとつの方法です。新入園の時期でしたら，緊張感がとけずに寝付けないこともあるでしょう。午睡は，その子どもの健康状態を見守りながら，子ども自身のリズムに無理なくありたいものです。

〈保育者のお昼休みと「連絡帳」〉

　子どもたちが寝静まっている間，クラス担任は子どもたちの様子に気を配りながら，交代で食事や休憩をとります。

　ここは子どもたちが午睡している隣の保育室。午前中の自由遊びの様子，園庭遊びやお散歩の時の様子，そして給食の様子など，子どもたちひとりずつの連絡帳を書いています。

【comment】　テーブルの中央に，小さなメモノートがありますが，連絡帳を書いている担任は，このノートを見ながらペンを進めています。保育中，常にエプロン・ポケットにこの小さなノートとペンを入れておいて，その時々で気付いたことを書き取っていたのです。保育は小さな気付きから，あるいは何気ないつぶやきから。子どもの育ちの周囲には，すぐに忘れてしまいそうな小さな事柄をたくさん見出すことができます。子ども一人一人の成長を見つめるまなざしが，この小さな「メモノート」には詰まっていて，そこに記された保育者の気付きの数々が連絡帳を経て，保護者に届いていきます。

第2章 保育者の1日

〈おやつだよ〉

　お昼寝から起きたら，楽しみな「おやつの時間」。今日は何かな？　子どもたちは，先生が順番に配ってくれるのを待っています。

【comment】　園児のおやつは，成長のための大切な補食でもあります。おにぎり，ふかし芋，パンケーキなど，給食調理職員の手作りおやつは，子どもたちの味覚を育み，健やかな体作りを支えています。

5　夕方の保育

〈夕方の時間の始まり〉

　おやつを終え，子どもたちは部屋で遊び始めました。保護者のお迎えの時刻まで，室内遊びのひと時です。

【comment】　幼い子どもたちにとっては，長い時間を園内で過ごし，少し疲れも出てきている頃かもしれません。子どもたちの様子を見ながら，ゆったりと過ごします。

〈雑用の時間は，「間接保育」の時間〉

　担任のひとりが，テーブルと椅子を寄せて，床を一気に拭き掃除しています。

【comment】　保育という営みは，雑用の積み重ねに支えられているともいえるかもしれません。たとえば保育室の掃除や床磨きなども保育室環境維持のためにとても大事なこと。その他，保育のための教材研究や，行事の準備など，保育者にとっては，子どもたちと触れ合う「直接保育」とは別に，健やかな成長の日々を支えるための陰の仕事，すなわち「間接保育」の時間もなくてはならない大切な時間です。

37

〈先生，大好き！〉

「もう一回，くるりんぱ！」。両手をもってもらい，Mさんの足を駆け上がるようにして，くるりんぱ。「もう一回！」「もう一回!!」。「次は僕だよ〜」という子は待ちきれない様子です。

【comment】 子どもたちは保育者が，まるごと自分を受けとめてくれることを求めてきます。子どもたちの気持ちが満ち足りるように，どうしたら子どもたちとおもしろく楽しく遊べるか，手遊び・歌遊びなどもどんどん取り入れて，自分なりの「遊びが出てくるポケット（レパートリー）」の数を増やしていったなら，保育はさらに豊かになっていきます。

〈保育園を支える多くの方々〉

今日は，布団乾燥の日。乾燥業務を担っている会社の人がやってきました。子どもたちにも声をかけながら，手際よくお昼寝のお布団を取り出していきます。

【comment】 給食の材料納入，砂場の清掃，洗濯業務など，保育園運営は，園外の様々な人たちの力を受けながら担われています。多くの方々に支えられて園が気持ちよく機能していることを忘れずにいたいもの。そして，子どもたちにも折々，そういう方々は，どういう仕事で園を助けてくれているか，人と人との関わりをつなげるつもりで伝えてみましょう。

6　1日の終わりに

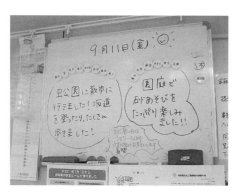

〈今日はどんな日〉

夕方。Mさんは，保育室内のホワイトボードに「今日，みんなでしたこと」をわかりやすく書き込みました。

【comment】 お迎えに来た保護者に，一目で「今日したこと」がわかるように書いておきます。子ども一人一人のその日の様子など，成長を記す連絡帳の他に，ホワイトボードに書いておくことで，クラス全体の活動の様子を保護者に伝えます。

第 2 章　保育者の 1 日

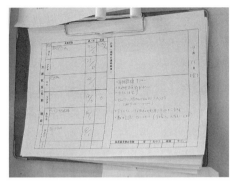

〈メモ一枚，各クラス一目瞭然〉

　H保育園には，0～2歳の年齢別3クラス，そして，3～5歳の異年齢縦割り3クラス，合わせて6クラスの子どもたちがいます。

【comment】　たとえば，今日欠席している子どものことや，これから案じられる感染症のことなど，職員全体に伝えたいことを，この1枚のメモに書き込んでいきます。

　長い開所時間に合わせ，ローテーションを組んで勤務に当たる職員は，毎日園全体で伝え合う時間はなかなか取れません。こういった日々のメモが，貴重な連絡ボード役を果たし，また，日々の記録ともなります。

〈帰り際の同僚と〉

　帰ろうとする早番の担任と，給食調理の栄養士，そしてMさんの3人が，クラスの子どもたちの様子を話し始めました。

【comment】　食の進み具合，健康状態，気になる子の今日の様子など，保育者は，保育の場で見守っている子どもたちのことを話し出したらきりがありません。話題は延々尽きず，けれど，こういう生きたやり取りが，"その日の子どもたちの様子"をお互いに伝え合い，成長を確かめ合う貴重なひと時ともなり，明日への保育につながっていきます。

〈保育日誌〉

　まもなく本日の勤務終了のMさんは，今日を振り返りつつ保育日誌を書いています。

【comment】　今日は何をしたか，子どもたちはどうだったか，そこに自分はどのように関わったか，あるいは関わらずに見守るにとどめたか……。また，計画していた保育内容はどのように進んだか，あるいは，他の取り組みに変更したか……。一日の自分の保育を振り返りながら書いていきます。

　保育を検証しつつ書いていくことは，その日のことを記録する備忘録という意味合いだけではなく，よりよい保育の取り組みにもつながっていきます。考えつつ記していくことで，自分自身の保育に気付かされることもあります。

〈お迎えの保護者の方々と〉

　夕方。保護者が次々と迎えにやってきました。その日の子どもの様子を伝えながら，保育者と保護者が共に子育てに関わり合う気持ちをもてるひと時です。

【comment】　保護者は最初から一人前の親でいるわけではありません。誰しも，子どもが生まれて初めて親としての人生をスタートします。若葉マークの親御さんは特に，子どもが育っていく喜びだけではなく，時にはイライラしたりハラハラしたり，オロオロすることもあるかもしれません。そういう保護者の気持ちも推し量りながら，子どもの育ちをどのように察して，子どもとどのように関わっていくか，保育者ならではの実感のこもった言葉を伝え，やり取りしていくことで，保護者の方々も一つ一つ気付いていくことがあるかもしれません。

　また，地域の人同士の関わりが希薄になってきている昨今，保育園での出会いをきっかけに交流が深まっていくことは，保護者本人同士にとっても喜ばしいだけではなく，子どもが育っていく地域という場をはぐくむことにもなります。いまや，保育園という場は，子どもを預かるに留まらず，広い意味合いをもっていることはいうまでもありません。子どもを育てる，親の"人としての成長"にも寄り添う，そして，地域社会の人間関係をはぐくむ場ともなる。子育てという営みを通した地域のセンター的な役割も，多くの保育園は担っています。

〈地域に開かれた保育園として……〉

　園舎の門扉脇にある「掲示板」。日常的な園庭開放，近隣の方々も参加歓迎の運動会やお楽しみ会といった園の催しなど，地域の人たちにも広く参加を呼びかけるポスターを貼っています。

【comment】　保育園が日々見守り育てていくのは園内の子どもだけではありません。地域に暮らす多くの親子にとって，また，地域の子どもたちの育ちを見守っている近隣の人たちのために，いつでも開かれた園でありたい，それがこれからの保育園の在り方ではないでしょうか。

　園内外を問わず，広く子どもたちの育ちを支えつつ，大人同士も共に生き，互いに関わり合い，成長していく場，それが新しい保育園の姿に違いありません。

〈コラム〉職員会議について

　1日の開所時間（保育標準時間）は11時間，なかには24時間開所している保育所もありますから，園の職員は，それぞれローテーションを組んで勤務に当たります。そのため，なかなか全員が顔を揃えて話し合う機会がありません。どの園も，「職員会議」のもち方には工夫を凝らすことになります。

　H保育園では，主に次のような会議（小さなミーティングも含む）を設けています。

① 「保育のまとめ会議〈年に4回＝1期1回〉」
　　園内で一日かけて保育内容や園運営，行事の取り組み，保育制度のことなどを話し合い学び合う。

② 「全体会議〈毎月1回〉」
　　平日の夜に，その時々のテーマで開催。運動会の準備など行事に向けての打ち合わせの他，各クラスの子どもの様子を園全体で伝え合うなど。栄養士や看護師なども出席し，食育や感染症対策などのテーマだけではなく日常的な保育についても，保育士と共に園全体の保育について語り合う。

③ 「代表会議〈週1回〉」
　　各クラスから輪番でひとりが出席。全体会議まで待てないテーマなどを打ち合わせ・連絡確認し合う。そこで出た話題などを各クラスにもち帰り伝える。

④ 「昼礼〈毎日13：30から15分ほど〉」
　　各クラスからひとりが出席。その日の様子，緊急連絡事項など。

　このように，大小様々な規模，いろいろな時間帯で「会議（ミーティング）」が設けられ，テーマの大きさ・緊急性を考え，連絡・確認，及び意見交換などに取り組んでいます。そのような場では，園長であろうと新人保育者であろうと基本的に全員が発言することが望ましいのですが，なかなか口を開くことができない人もいます。H保育園では，そのような場合は，徐々に会議で発言できるように促したり，個人面談などの時に発言しづらい気持ちを確かめる場を設けたり，それぞれの会議の際に，園長や主任がサポートするようにしています。

　規模の大小，時間帯の違いはあっても，「職員会議」は常に，園運営をスムーズに進めていくための大切な場です。それは，行事の打ち合わせなど，実際的な事柄を進めるための打ち合わせに留まりません。日々の保育内容を語りながら，あるいは，子どもの様子をみんなで語り合いながら，職員同士，互いの「保育観」を確かめ合うことも，とても重要な営みです。「保育観」「子ども観」を確かめ合い共有することで，よりスムーズで実り多い保育が期待できるでしょう。

　その際，保育者は，「保育観」「子ども観」をどのような言葉で語るのでしょうか。保育の意味合いを，わかりやすい言葉で，保護者をはじめとする第三者に伝えることが求められている昨今，まずは園内の職員同士，「保育観」「子ども観」を語り合う言葉，通じ合う言葉を探っていくためにも，より充実した職員会議が必要とされています。どの園でも業務に追われる日々で，会議の時間確保がひとつの課題となっているかもしれませんが，職員会議は，先に述べた実際の「直接保育」を支えるための最も重要な「間接保育」の時間でもあります。

7 現場からの声

❶ Mさんに聞きました

　第2章「保育者の一日」に登場していただいたMさんは，学生の皆さんにとっては，先輩保育者に当たります。そのMさんに「これまで」と「これから」についてうかがいました。

〈なぜ，保育者になろうと志したのですか〉

　「自分が幼稚園に通っていた頃，担任の先生にあこがれて，大きくなったら幼稚園・保育園の先生になりたい……と考えていたんです。高校生になって，やはり自分は子どもが好きだな……と改めて思って，保育者養成校に進学しました」

〈日々の保育で一番心がけていることは何でしょうか〉

　「まずは，子どもたちと保護者の皆さんが安心して園で過ごせるように……ということですね。けががないように，"明日もまた保育園に来たい！"と思えるように。

　保育者になって1～2年目の頃は，自分が何かしてあげなければ！　子どもがこんなことができるようになるように促していかなければ！……という気持ちでいっぱいになっていたのですが，最近は，子どもたちを可愛がったり，子どもたちの様子がおもしろいなと思ったり，保育していることを自分自身が楽しんだりできるようになりました。いまは毎日子どもたちと一緒にいることが楽しくてなりません。

　1歳児クラスの担任同士でも，今日一日を振り返って，あんなことができるようになったね，本当に可愛かったね……というような話をして，担任全員で子どもたちを思いっきり可愛がって，子どもたちの育ちを見守っていくことを大切にしたいと思います」。

〈子どもたちや保護者の皆さんにも安心して園で過ごしてほしいということですが，"子どもにとっての安心"とは，どういうことでしょうか〉

　「担任同士の関係がよく，みんなで笑い合っていると，子どもたちも安心するのではないでしょうか。

子どもたちの午睡中にクラス担任同士で簡単な打ち合わせをするんですが，ある時，"今日のあの子のあの姿，本当に可愛かったね〜"って話が盛り上がったことがあったんです。で，ふと気付いたら，たまたまその話題になっていた男の子が目を覚まして，にっこりしながらこちらを見ていたんです。まだ小さいですし，話の内容が理解できたかどうかはわかりません。でも，大人同士，とても大切に思っている子どもたちのことを話し合うことができる。本当に幸せだなと思いました。万が一，大人同士がうまく関わり合えずにピリピリしていたら，子どもはそれを敏感に感じると思うんですよね」。

〈いま，悩んでいることはありますか〉

「保護者の皆さんとの関わりでしょうか。1〜2年目の時は保護者の方々とうまく話せませんでした。年下の，子育て経験もない者から言われたらいやだろうなと思うと言葉が出なかったのですが，先輩方に助けられてようやく話ができるようになりました。

いまはどなたからも信頼していただけるように丁寧に話すように心がけています。保育園ならではの，こういう場でこそみられる子どもたちの可愛いエピソードを添えることも忘れずに。でも，時には子どもたちの生活まわりのことなど，こちらから保護者の方へお願いすることもあります。そういう時には，お話の全体を10とすると9割いいことをお話ししながら残りの1割でお願いごとを伝えるようにしています」。

〈これからどのような保育者に成長していきたいですか〉

「子どもたちがまわりに集まってくるような保育者になりたいですね。自分自身で磨きたいところ，それは得意分野を作りたい，ということ。園の先輩方は，体操が得意だったり，手仕事が上手だったり，それぞれお得意なものをもっています。私も，"あのことならMさん"と言われるような何かを自分で磨きたいと考えています」。

〈最後に一言，どうぞ……〉

「ここの園は，子どもと大人がとてもいい関係を築いているんです。先日，年長さんが蹴ったボールが屋根に上がってしまってとれなくなったことがありました。スポーツ万能な男性保育者のS先生が長い梯子をかけてボールを取ろうとしたら，"S先生，がんばれ！　S先生，がんばれ！"って子どもたちが大騒ぎ。ボールを手

に屋根の上で手を振るS先生にさらに大喝采で，子どもたちはみんなS先生をまぶしそうに見つめていたんです。

　それと，夏が終わりプールの撤収の際も，担任総出で懸命に組み立て式プールをたたんでいたんですが，その時も，"先生がんばれ!!　先生がんばれ!!"って声援を送ってくれて。子どもたちにとって，先生はヒーローでいいと思うんです。すごい人，あこがれの人，それで，何があっても必ず自分たちを守ってくれる人。この人のそばにいたら絶対に大丈夫，いつも安心していられる。その上，うれしいこと，ワクワクすること，それはみんな先生たちのまわりにある。そこで自分たちは思いっきり遊びたい……そんな風に子どもたちが思っていられたら，本当に楽しい園になると思うんですよね」。

❷ 園長先生からの一言

　新卒のM先生の採用を決定なさった園長先生。なぜ，M先生をぜひ……と思われたのでしょうか。

　「面接の時に話していて，まず，前向きであるかどうか，ということですね。いろいろな経験を前向きに受けとめている人と一緒に保育の仕事をしたいと思います。

　それから，友達やご家族とどのようにコミュニケーションを取っているかという点でしょうか。誰でも，人間関係は時にうまくいかないこともあります。そういう時に，どのように解消していくか，乗り越えていくか……。しなやかに解決できる力をもっている人がいいですね。

　保育者希望者の多くは"子どもが好き"ということを志望の第一理由にあげています。それはもちろん欠かせないことなのだけれど，それまでの人生で，その人が自分自身をどのように作ってきたかということも保育者には大切なポイントかと考えています。

　Mさんは，社会に出て3年目なのですが，自分の言葉で語れる力をもっています。ミーティングなどの場でも，自分が思っていることをストレートに口にします。先輩に対して妙な遠慮はしない。そのMさんの言葉で私たちが気付かされることもあるんですよ。

　養成校などで学び，これから保育者を目指す学生の皆さんには，"どうか，いまの気持ちを忘れずに"いてほしいと思います。"子ど

もたちとこんなことをしたい”という期待，初心の気持ちを，保育
者になってからも大切にし続けてほしいと思うんですよね」。

8 「保育者」という仕事

　第1節から第6節まで，保育士経験3年目のMさんの1日を見て
きました。これから保育者を目指す学生の皆さんに，Mさんの仕事
はどのように映ったでしょうか。最初に述べたように，保育者の仕
事は，一見，「子どもと遊ぶこと」と思われがちです。あるいは，
子どもの世話ばかり続く仕事と思われるかもしれません。確かに，
保育という仕事の，目に見える「作業内容」だけを追いかけたなら，
「遊び」や「世話」が浮かび上がるかとも思います。

　ですが，たとえば，「子どもの声に耳を傾ける」「子どものことを
よく見る」など，子どもを理解するための保育者の動きは，目に見
える形ではなかなか伝えられません。でも，子どもを育んでいくと
いう意味合いで保育を考える際には，欠かせない視点です。また，
「子ども自身の“こうしたい！”気持ちを後押しする」「子ども同士
の関わりをはぐくむ」「子ども自身の気持ちを満足させる」，これら
もおそらくは目に見える形で伝えるのは難しい事柄です。けれど，
子どもが自分自身の生まれもった力を発揮して自ら成長していくた
めには，こうした周囲の大人の関わりが何より子ども自身の成長の
糧となるはずです。

　保育とは，日々の細かな作業の積み重ねでありつつ，子どもの声
にどのように応えるかなど，瞬時の判断を常に求められる仕事でも
あります。子どもの声にその場で応える一言，あるいは，子どもの
様子を見て次の展開をすぐさま予想し，どのように動くか判断する
こと。2人と同じ人間がいないのと同じように，同じ保育園はなく，
同じクラスもなく，同じ子どももいませんから，すなわち同じ保育
の繰り返しはあり得ません。常に新しく，子どもにとってはもちろ
ん，保育者にとっても日々新しい体験を重ねていく，それが保育と
いう営みです。保育者は，それらの現場の日々から学びつつ，先々
の見通しをもつ視点も携えて，より柔軟かつより豊かな保育を展開
できる力を蓄えていくのです。

保育とは,いわば「哲学〈真理〉は細部に宿る」営みともいえるでしょうか。たとえば子どもと話す時,仁王立ちになって話しかけるか,あるいは,膝を折って目線を下げて話を聞くか。一見,何でもないようなシーンから,その人の保育の姿勢が見えてくるように感じませんか。また,保育室内のおもちゃを子どもの手が届くところにいつも置いてあるか,あるいは,保育者が片付けやすいような場所にしまってあるか,そういうことからも,その園で展開されている保育が見えてくるように思いませんか。姿勢,配慮,環境構成,そういうところに実はとても大切な意味が隠されているのです。それらに加えて,子どもと保育者,保育者と保護者,保護者と子ども,園と園を支える方々といった,人と人との関わりを結んでいく取り組みが,広く子どもの育ちを支え,人が人らしく育つ道筋を示していくともいえるでしょう。

　"日々ライブ！"な保育の世界へようこそ。あなた自身がどうあるか,その存在が問われる仕事,それが保育者の仕事です。

Book Guide

- レイチェル・カーソン,上遠恵子（訳）,森本二太郎（写真）『センス・オブ・ワンダー』新潮社,1996年
  作家であり海洋学者でもあったレイチェル・カーソンが,幼い甥のロジャーと共に米国メイン州の海辺や森の中を探索し,星空や夜の海をながめた経験を基に書かれた作品。生命の輝き,自然の不思議を子どもと共に見つめるまなざしが美しい文章で綴られています。
- 小口尚子・福岡鮎美『子どもによる子どものための「子どもの権利条約」』小学館,1995年
  1989年に国連総会全会一致で採択された「子どもの権利条約」。その原文を,2人の中学2年生が訳し,まとめられた1冊。愉快に,わかりやすく,同条約の理念が伝わってきます。「"まっすぐ生きるために"大人に対して,ぼくは言う」（扉文より）。
- 木村明子『保育園・幼稚園で働く人たち——しごとの現場としくみがわかる』ぺりかん社,2012年
  保育士・幼稚園教諭から園長,事務職員まで,子どもたちの成長を温かく見守り支えている「園で働く様々な人たち」が登場。ご本人へのインタビュー構成により,志した動機や日々の仕事の実際などが具体的に伝わってきます。保育園・幼稚園の基本的なしくみもわかりやすく図解されています。
- 汐見稔幸,おおえだけいこ（イラスト）『2017年告示　新指針・要領からのメッセージ　さあ,子どもたちの「未来」を話しませんか』小学館,2017年

いま，我々が置かれている世界的規模での環境・社会の変化，日本の現状といった背景を踏まえ，2017年告示保育所保育指針，幼稚園教育要領，幼保連携型認定こども園教育・保育要領はどのように改定（訂）されたのか。実際の具体的な改定（訂）内容まで，イラストや図版を添えて解説されている好著。

Exercise

1. 「子ども」が登場する映画をたくさん観ましょう。また，絵本や児童書もたくさん読みましょう。それぞれの作品で，子どものまなざしや感覚，見守る大人の目はどのように描かれているでしょうか。一作一作を大切にしていくことにも意味がありますが，立ち止まらずに，数多くの作品を観て，また，読んでみましょう。それらの作品との出会いをどうぞ楽しんでください。
2. 電車の中，街中などで子どもを見かけたら，「いま，あの子はどのような気持ちでいるかな……」と想像を巡らせてみましょう。その時，近くの大人とのやり取りもひとつのポイントです。満足げな子ども，なかなか気持ちが伝わっていないように見える子ども，そんな風に感じたら，その時，そばにいる大人はどんな様子だったでしょうか。自分だけの「子ども観察メモ」を書いてみましょう。

第 3 章

子どもの思いや育ちを理解する仕事

子どもたちと先生は何を見ているのでしょう。どんな会話が聞こえてきますか?

女の子が木の上を指さして，何かを見ています。何かしゃべりだしそうな感じです。虫（セミ？）でもいるのでしょうか。それに応じるようにみんなもそれを見ています。指さしをするということは，他の人を意識していることを意味しています。つまり，誰かに「ほら。見て」と言っているのでしょう。まだ，言葉もあまり出てこない年代だと思うので，そう言ってはいないと思いますが。ひとりの子は，「何，どこ？」といった顔をし，もうひとりの子は「すげえ」といった顔にも見えます。先生は，その子の見ているモノを一緒に見て，微笑んでいます。先生は，先回りせず，この一体感のある雰囲気を楽しんでいる感じがしませんか？

第3章　子どもの思いや育ちを理解する仕事

1 子どもをわかるということ

❶ 子ども理解の２つの側面──知ることとわかること

　音楽愛好家を自認する私は，音楽をよりわかりたいと思うように
なり，小さい子に混じってピアノを習い，楽典を学び，譜面を熟読
する楽曲分析の指導も受けました。そのような経験は私の音楽理解
を深めてくれましたし，音楽が与えてくれる感動が，量的にも質的
にも充実したことは否めません。ですが，生演奏に心がふるえるこ
とはあっても，楽典や楽曲分析に感動するようなことはありません
でした。もっとも，学びにも知的好奇心が充足される楽しみがあり，
なるほどと感心することも少なくはなかったのですが……。

　子どもがわかるというのも，音楽がわかることと似ているように
思えます。保育者であれば資格取得のために必要な知識を学ぶこと
に始まり，現場に立てば，一人一人の子どもに関する客観的な情報
も必要になります。児童票や各種の記録，場合によっては発達検査
のような専門機関の判断など，乳幼児の保育・教育施設は，子ども
にまつわる情報を蓄積していますから，それらは子どもを理解する
ための予備的資料として貴重なものとなります。小学校への申し送
りとして書かれる「要録」などは，その格好の例といえるかもしれ
ません。

　さて，このような子ども理解に役立つ知識や情報は，音楽理解に
おける楽典や楽曲分析に相当しますが，リアルタイムに演奏される
音楽がもたらす感動と同質の体験もまた，保育の場に少なくありま
せん。いえ，むしろ私にはコンサートホールよりも園庭や保育室の
方に，より日常的に，より多く潜んでいるようにさえ思えます。

　音楽に知識による理解と感動がもたらす理解があるように，ひと
くちに子どもを理解するといっても，子ども理解には知識や情報に
よって "子どものことを知る" という側面と，日々の生活を共にす
る中で保育者によって感じ取られる "子どもをわかる" という側面
があります。前者は，いわば資料による静的な理解であり，後者は，

51

体験による動的な理解であるといってもいいでしょう。それはまた，客観的な子ども理解と主観的な子ども理解ともいえるでしょうし，静的な子ども理解が子ども一般に対する認識を物差しにした子ども理解"知る"であるのに対して，動的な子ども理解は，個別具体的に体感された認識による子ども理解"わかる"であるといってよいかもしれません。このように子ども理解に"知る"と"わかる"の2つの側面があるとして，さて，子どもを"わかる"とはどういうことなのでしょう。

❷ 子どもをわかるということ

　子どもを"知る"と，子どもを"わかる"は，保育者にとってどちらも大切です。ところが保育者は，関わる子ども一人一人について少しでもわかってあげたいと思って子どもと日々の生活を共にする一方で，記録を取ったり，会議で報告したりといった場合には，客観的と思える事実だけを伝えようとするあまり，自分の感じたことや思いを書くことをためらってきたように思います。誤解を恐れずにいえば，「それはあなたがそう思うだけのことでしょ」と否定されることを回避するあまり，保育者の気持ちが排除された記録や報告になりがちだったのではないでしょうか。これでは子どもを"知る"ことはできても，子どもを"わかる"ことは難しくなります。

　音楽がもたらす感動が，一人一人の心の中に起こる個人的な体験であるために，主観的であり，感覚的であるように，子どもを"わかる"というのもやはり，子どもの思いや気持ちを感受した保育者が，それを自身の思いや気持ちとない交ぜにして語った時に初めて，"わかる"にたどり付けるのではないでしょうか。小さなエピソードを取り上げて考えてみましょう。

Episode 1 　　ななちゃんがくれた砂カレー

【背景】

　ななちゃん（仮名，3歳10か月）は，0歳から保育園にきてくれているが，とても恥ずかしがり屋というか，大人の男性がダメなのか，親しくなるのに時間がかかった。私ははやく仲良しになりたかったのだが，そうした機会にも恵まれずに3年が経過していた。ご両親はフルタイムの共働きだが，なな

ちゃんは兄と共にとても大切にされている。ご両親は保育園への理解や協力も人一倍で，ありがたい保護者である。そのお母さんが今年も保育内容説明会に出席してくれた。説明会は土曜日の午後に行われ，その間，子どもたちは別の場所で遊ぶことになっているが，ななちゃんもお兄ちゃんもお母さんにべったり甘えて膝に乗っていた。特にななちゃんは，風邪の症状が続いていたこともあり，お母さんは無理に子どもたちを保育室へ行かせることをしなかったようだ。抱かれたななちゃんはおとなしくしていたので眠っているものだとばかり思っていたが，翌週の連絡ノートには，「説明会の帰り道，"遊ぶのは大事なんやってー"と，（園長先生の話を）まとめていました」と書かれていたそうで，保護者向けに話した90分の長い話をななちゃんは聞いていてくれたらしい。私はそれを，このエピソードを経験した後に知ったのだが，ななちゃんとの距離が急速に近づいたうれしい出来事は，連絡ノートに書かれたななちゃんの言葉にすでに，その萌芽があったのかもしれない。

【エピソード】

　説明会から数日後，玄関で出会ったななちゃんの目に，何となく親しげな色が浮かんでいるように感じた私は，靴脱ぎに座り込み，長靴を脱ごうとしていたななちゃんに声をかけた。「ななちゃん，お靴脱ぐの？　履くの？」そう聞かれたななちゃんは，「ぬぐ」と応えた。何だか声をかけられて緊張したようだ。「そうか，脱ぐんや」と私が笑いかけると，からかわれたことがわかったのか，少しむっとした顔になる。そばでお兄ちゃんとお母さんがにっこり笑っていた。

　その日の昼食後，私は新しく植えたカリンの木の様子を見に園庭に出て，花壇のように設えた根もとの囲いに腰掛け，遊ぶ子どもたちの様子を見ていた。おだやかな初夏を思わせる陽射しが心地よかった。そのせいか少しぼーっとしていると，目の前にお皿に盛られた砂と小石が差し出された。ふと我に返ると，ななちゃんだった。「園長先生にくれるの？」と聞くと，ななちゃんは黙って頷く。私は砂の上のいくつかの小石を指さして，「ななちゃん，これお肉？」と聞いてみる。するとななちゃんはまた黙って頷く。「そしたら，これがじゃがいもで，これがにんじん？」と重ねて尋ねると，ななちゃんは真剣な表情で，何度も頷いてくれる。うれしくなった私は，「じゃあ，いただきまーす」と言って，大急ぎでたいらげ，カレーライスをななちゃんに返して，「ありがとう，ななちゃん。すごくおいしかったわ」と言うと，やっと笑顔になったななちゃんは，お皿を受け取り，くるっと振り返って砂場に戻っていった。追いかけようかとも思ったが，今日はこのくらいがちょうどいいかもしれないと考え，私は腰掛けたままだった。

　カレーライスをご馳走になってからは，ななちゃんはいつも笑顔を向けてくれ，時にはななちゃんが私をからかうこともある。抱っこしても恥ずかしそうにしてすぐに下りてしまうが，嫌がっているわけではないようだ。これでまた仲良しがひとり増えたと，私は密かに喜んでいる。

【考察】

　説明会で私の話を聞いたことや玄関でのやり取りも伏線になってはいただろうが，よく思い出してみると，他児が私と関わるのを遠巻きに見ていたことが少なからずあったように思うし，私自身もななちゃんに興味があり，それとなく意識していることがななちゃんに伝わっていたのかもしれない。しかし，それにしてもどうしてななちゃんは私にカレーライスをご馳走してくれたのだろうか。

　子どもは絵や折り紙やちょっとした工作を作ってプレゼントしてくれることがよくある。戸外であれば，葉っぱや木ぎれをくれることもあるし，砂ジュースや砂ケーキをご馳走になることもしばしばである。そうした子どもからの贈りものは，大人の贈答品とは違って，お礼や見返りが期待されていない。

そのような "見返りを期待しない贈りもの" はおそらく，"好きだよ" のしるしなのだろう。"好きだよ" の気持ちを伝えるために，贈りものをくれるのだと思う。そしてその "好きだよ" にもまた邪気がない。"ただ好きで，ただ好きになれたことがうれしい" といったところだろう。

子どもたちが教えてくれるこの見返りを期待しない贈りものや，ただ好きなことがうれしいことは，人と人が共に生きていく上でとても大切なことではないだろうか。損か得かといったことだけで人間関係が成り立っている社会では，息がつまる。ななちゃんがカレーライスに込めてくれた無垢な気持ちと，その気持ちを私に向けてくれた体験が，いつまでもななちゃんの中にしっかりと根を張っていてほしいと思う。

エピソードに付された考察では，贈りものに託された子どもの気持ちが取り上げられていますが，それはひとまず置くとして，エピソードの冒頭で私は，ななちゃんに話しかけるきっかけが，「ななちゃんの目に，何となく親しげな色が浮かんでいるように感じた」からだと書いています。このような感じ方はたいていの場合，思い込みとして排除されてきましたし，錯覚だと言われても反論できません。それでも私に「親しげな色が浮かんだ」ように見えたことは，私において確かなことなのです。それはおそらく，ななちゃんへのいろいろな思いが私の中にあったから，「親しげな色」を感じ取れたのでしょう。

保育の場で子どもと心を通わせるとは，このように不確かで曖昧なことがきっかけとなることが多く，そのきっかけを逃すと，子どもとはいつまでも近づくことができなくなってしまいます。子どもをからかうことがよいかどうかはともかくとして，この日の午後，私がななちゃんから砂カレーをご馳走になったことは間違いありませんし，それらのことがひとつながりとなって，エピソードの最後のパラグラフにあるように，「ななちゃんはいつも笑顔を向けてくれ，時にはななちゃんが私をからかうこともある」ようになってくれたのでした。

❸ 保育者もうれしかったり，つらかったりする

ぶっきらぼうな態度ではありましたが，ななちゃんは私に砂カレーをふるまってくれました。それを私は，「ななちゃんとの距離が急速に近づいたうれしい出来事」だと背景に書いていますが，この喜びこそ，私がななちゃんを "わかったこと" に他なりません。

子どもを"わかる"とは，個別的であり具体的です。保育者は一人一人の子どもと個別的に具体的に関わりを始め，それを深めていきます。それは「教え―教えられる」関係を超えたものでもあります。あたかも名刺に書かれた肩書きが必ずしも人柄を語るとは限らないように，その子について知り得た客観的な情報をいくら多くもっていても，エピソードのように子どもから気持ちを向けてもらうより他に手立てがないのが，子どもを"わかる"ということなのです。子どもから向けられた行為を，保育者の喜びとして受け取れた時，保育者は初めて子どもを"わかった"ことになるのです。

　同様に，つらい経験によって子どもを"わかる"こともしばしばです。食物アレルギーのために小麦粉を除去している年長児が，おやつに米粉で焼いたクッキーをもらいました。みんなと一緒に食べていたのですが，2～3枚食べ残していました。保育者が，もう食べないのかと尋ねても，曖昧な表情を浮かべるだけでした。そしておかわりがもらえることになり，何人もの子がお皿にクッキーをもらって席に着き，再び食べ始めた時，その子もおもむろに残してあった米粉のクッキーを食べたのでした。

　たいていの子どもは，みんなと同じことがしたいと思っています。でも，食物アレルギーのためにみんなと同じようにはおかわりをもらえないので，自分で自分におかわりを用意して，みんなのおかわりを待っていたこの子のいじらしい姿に，傍らにいた保育者は涙したそうです。

　子どもは自分の思いや気持ちに素直です。でも，言葉で伝えることよりも，この子のように気持ちが行動ににじみ出ることの方が多いのも事実です。それを見落としてしまっては，保育者は子どもを"わかる"ことから遠のいてしまうでしょう。食物アレルギーは検査結果によって"知る"ことができますが，この子のいじらしさは，保育者の心で受けとめるより"わかる"手立てはありません。

2　子どもが育つということ

　うれしくなったり悲しくなったり，楽しかったりつらかったり，人に対して腹立たしいかと思えばやさしくもなれたりと，私たちは

様々な感情に揺れながら生きています。つらく悲しい思いなど，できれば避けて通りたいところですが，つらさも悲しみも味わうことなく一生を終えたとしたら，それはそれで滋味の薄い，思索に欠ける人生になってしまうことでしょう。

ところが保育の場では往々にして，うれしいことや楽しいこと，やさしいことはよい感情で，悲しいことやつらいこと，腹立たしいことはよくない感情のように思われているため，よいとされる感情ばかりを子どもに求めたり，よくないとされる感情をすぐになだめたり，たしなめたりする場面を目にすることが少なくありません。そのためか，明るくて声も大きく，動作もきびきびした保育者像が求められがちですが，保育者の理想像を演じる保育者を私は好みません。ありのままの子どもと出会い，ありのままを受けとめたいと願うなら，保育者もまた，自分をありのままにして，保育の場を子どもと共に生きることが求められるのではないでしょうか。豊かな保育は，様々な子どもの感情を受けとめ，その感情に左右されながらも，こちらの思いも伝えていくことから始まるのだと思います。そのような保育者のありようが，子どもの心を育てます。

❶ 気持ちを立て直す子ども

子どもと日々を共にしていて，子どもの心が閉ざされたと私たち保育者が感じるのは，子どもが気持ちを伝えてくれない時や，子どもの思いを汲み取れない時です。まさに「子どもがわからない」時です。ですから，子どもの気持ちの起伏がありのままに表出されることや，その起伏の幅が大きいこと，言い換えれば感情のダイナミックスレンジが広いことが大切なことは，それが失われた子どもに関われば，身にしみてわかります。あるいは一見，明るくて元気そうに見える子どもも，保育者の求めに応えようとするあまり，本来の自分を偽っていることに保育者が気付かない場合もなくはありません。ではいったい，いろいろに揺れ動く気持ちと心はどのような関係にあるのでしょう。

いまは見かけることも少なくなりましたが，昔の柱時計はバネの力で振り子を揺らしていました。振り子には錘がついていて，それを上下させることで時間を微調整します。錘をあげると時計を早めることができ，下げると遅らせることができました。そのように精

巧に作られた時計の振り子ですから，もしも支点がぐらつくような
ことがあれば，正しく時を刻むことができなくなり，すぐに狂って
しまいます。人の気持ちも振り子のように揺れ動きますが，支点の
役割を担うのが心です。

　やさしい心や我慢強い心などといいますが，やさしい心や我慢強
い心があるのではなく，心がやさしくなったりなれなかったりする，
心が我慢できたりできなかったりするのです。それが人の気持ち，
感情というものではないでしょうか。ですから，やさしい心や我慢
強い心をたとえ話で教え込むような教育（保育）は，なかなか子ど
もの心に届きません。

　心と気持ち，心と感情を厳密に区別することはできませんが，気
持ちや感情は心のある状態をあらわしているので，うれしい気持ち
やつらいと感じる感情は，心のうちに生起しているのです。ですか
ら，人の心は摑みどころのない不確かなものですが，その心を支点
として人の気持ちというものは振り子のように揺れるので，支点と
しての心は，不確かなようでもぐらついてはならないし，捉えどこ
ろがなくても気持ちの芽生える場所，動く感情の器として，育って
いかなければなりません。そのように心が育つことが，子どもが育
つことの本質なのです。それを日々の保育実践で体験的に子どもの
中に育てること，陶冶することが保育の大きな目標なのです。

　さて，うれしくなったり悲しくなったりする心ですが，まずはそ
のように気持ちにダイナミックスがあること，感情のダイナミック
スの幅が大きいことが大事ではないでしょうか。そこからもう一歩
踏み込んで，その感情のダイナミックスの支点である心は，悲しく
なったり，自信を失ったり，我慢できなくなったりした気持ちを立
て直す力を備えなければなりません。幼い時は親や保育者に手伝っ
てもらって，気持ちを立て直します。その繰り返しの中で，自分の
中にもうひとりの自分が生まれて，やがて大人の代わりをしてくれ
るようになっていきます。それも，「子どもの心が育つ」ことです。
子どもの心の育ちにも2つの側面があり，ひとつは豊かな感情の器
であること，もうひとつは，その器が萎えた気持ちを立て直す勇気
をもっていることです。このことを本節でも，エピソードを取り上
げて考えてみます。

Episode 2 　「せんせいばいばい，せんせいよろしく」

【背景】

　岩屋保育園の新年度は，3月第3週から始まる。卒園を間近に控えた年長児はホールに集まって学校ごっこに取り組み，0歳から年中児までの子どもたちはそれぞれ，新しいクラスに進級する。このような新年度への移行は，3クラスある異年齢クラスの年長児たちが最後の2週間を一緒に過ごせればと思ったことと，新入園児を迎えるまでにクラス作りができていれば，新年度の慌ただしさも緩和されるのではないかと考えたからである。

　旧クラスで進級メダルをもらった子どもたちは，まるで民族大移動のように保育園の中を行き交っていた。さくらんぼ組で新しい仲間を待っていた私は，泣いている子どもたちを何人も見かけた。1年を共に暮らした担任との別れがつらいのだ。そのような子どもは，新しいさくらんぼ組にもいた。年長になったまあちゃん（仮名）と，年中になったみいちゃん（仮名）だ。2人は旧担任を慕って，給食準備が始まってもめそめそしたままだった。

【エピソード】

　朝の集まりが始まっても，まあちゃんの悲しそうな表情に変化はなかった。杉浦保育士の膝に抱っこされて中川保育士の話を聞いている。みいちゃんはリュックを背負ったまま保育室の入り口に立っている。本当は旧担任のいるクラスへ行きたいのだろうが，そこをぐっと我慢している。それでも出席調べでは，「はい」と小声で返事をしていた。

　保育者の提案で，新しいさくらんぼ組は40人の子どもたちが4つの家にグルーピングされることになった。そのため，子どもたちは自分たちでお家作りに取りかかることになった。その間も2人は元気がない。みんなの中にはいるのだが，どこか所在なげにしている。私も水色の屋根の家を担当して，子どもたちを手伝った。正午をまわり，とりあえず一段落したところで給食の準備に取りかかることになった。

　ふと気付くと，まあちゃんとみいちゃんが，1週間前の発表会で演じたばかりのオペレッタを再演している。2人は椅子に並んで腰掛けているので上半身だけの演技だが，オペレッタ「インドの6人兄弟」のオープニングからフィナーレまでを，歌いながら踊っている。さっきまでのふさぎ込んだ様子はすっかりどこかへ吹っ飛び，楽しくてしようがないようだ。それを見ている子どもたちまで引き込まれてしまっている。私もロッカーにもたれて最後まで見とれてしまった。演じ終えたまあちゃんは，いつものまあちゃんに戻って，かいがいしく配膳をリードし，終わると中川先生に「もう食べてもいい？」と元気に尋ねに行き，OKをもらうと，「いただきます」のあいさつをみんなに促し，給食を食べ始めた。

【考察】

　オペレッタを演じる楽しさが，2人の気持ちを立て直してくれた。音楽のもつ力に改めて驚く。大好きな先生や友達と楽しみながら覚えて演じた「インドの6人兄弟」。振り付けの説明まで音楽に合わせてやっている。私は，歌いながら踊るのはとても難しいと思っていたが，2人はなんなくそれをこなしている。こなしているというより，歌いながら踊るから楽しいようだ。保育の1年が，保育者から提案される内容と，子どもたちの自発的な活動とで構成されるとしたら，保育者から提供された保育が子どもたちの中にしっかりと根付いて，子どもたちの自発的な活動の中ににじみ出るのだということを，あ

りありと見せられた場面だった。

　保育者からもちかける保育が子どもたちの自発的な活動の肥やしになるといっても，それが指導性の強い"させる保育"であったなら，子どもたちの中に根付くことはないだろう。歌詞とメロディを覚えて歌うことのおもしろさは，指導によっても伝えることはできるかもしれないが，オペレッタの練習やリハーサル，ビデオ撮り，本番を通して，"一緒が楽しい"ことが子どもたちに共有され，しっかりと受け取られるのでなければ，まあちゃんとみいちゃんのように，つらさを乗り越える武器にオペレッタを使ってくれることはないだろう。

　泣いたり，拗ねたり，落ち込んだり……。保育の場の子どもたちは，一日にいく度もつらい気持ちを味わうようです。エピソードの2人も，大好きな先生との別れのつらさをぐっと我慢していることが痛いほどわかるのですが，私たちはどうしてあげることもできませんでした。大泣きしたり，保育室を飛び出して旧担任のところへ行ってくれた方が助かったかもしれません。でも2人は，自分たちが置かれている状況をわきまえてはいても，込みあげる淋しさは自分でもどうすることもできないでいました。そのような2人に，私たちもなす術がありません。それだけに，オペレッタを演じる間に元気を取り戻した2人に驚き，そして安堵したのでした。

❷ なぜ保育者は活動を提案するのか

　この短いエピソードの中にも，保育者が提案して子どもと共に取り組んだ活動がいくつもみられます。主題となったオペレッタもそうですが，家作りも，朝の集まりも，年度の節目に進級してクラス替えがあることも，保育者からの提案です。子どもは知らないことは知らないのですから，大人が配慮して生活が充実し，新しい"もの"や"こと"に出会って，いろいろな力を付けていくことは，保育の場に必要なことです。また保育所や幼稚園のような施設は，子どもが初めて社会的な集団と出会う場所ですから，集団への適応能力も保育の視野に入ります。ところが，保育者が設定した保育が，結果だけを求める保育になっていて，できたか，できなかったか，どれだけできたかといったことが物差しとなり，子どもが評価されることが少なくありません。私は何も，設定保育がよくないといっているわけでも，自由保育こそ保育だ，などと主張しようというのでもありません。子どもと保育者が保育的環境を創造し，保育が豊

かに展開することが大切で，そのような創造と展開の過程に，子どもの心が育つ機会があると思うのです。

　私が保育の場に足を踏み入れた頃，不思議に思ったことが2つありました。ひとつは，ピアノの合図で子どもたちが一斉に立ち上がった時です。まるでホイッスルのようにピアノが使われたことと，立ちましょうという先生の呼びかけもなしに，ジャン！　というピアノの音で子どもたちが一斉に立ち上がったのを見て，これではピアノも子どももかわいそうだなあと思いました。ピアノは音楽を奏でるために作られたはずだから，これではピアノへの冒瀆ではないかと，若かった私は腹立たしい気持ちになりました。また，立ちましょうと言えば済むものを，合図で立たされるのでは，これは命令されているのと同じではないかと，やはりやりきれない思いでした。

　Episode 2に出てきた朝の集まりでは，保育者は一度も集まりなさいとは言いませんでしたが，少し広くなったところに椅子が置かれ，絵本をもった先生が座って読み始めると，子どもたちはだんだん集まってきて，絵本に見入っています。積み木遊びが終わらない子は，絵本に耳を傾けながらもこれでいいと思うところまでやり遂げようとしていました。そのようないつもの朝の風景の中で主人公の2人は，その集まりを楽しむことができないばかりか，みいちゃんは集まりの輪に入ることさえできずにいたのでした。このように，保育者の提案に対して，一人一人の子どもがどのように取り組もうとするのか，そこには子どものどのような気持ちが働いているのか，その気持ちや子どものふるまいは，どのように変化したか，そうした過程が保育です。保育は，ピアノの合図で一斉に座れるように子どもをしつけることでもなければ，発表会当日を目指して，子どもたちに保育者の大声を浴びせることでもないはずです。

　子どもが落ち込んだ気持ちを自分で立て直すのを手伝うことはできても，子ども自身に気持ちを切り替えてもらえなければ，その場しのぎのごまかしになってしまいます。同じように，子ども自身がオペレッタに興味を示し，自分からやってみたいと思う，取り組んでみたら楽しかった，みんなと一緒は楽しい，そういった経験を積み重ねることが保育です。その過程を豊かにするために，保育者は環境を整えて，子どもを待つのです。

　さて，若い頃に不思議に思ったことのもうひとつは，歌です。子どもが初めて出会う歌なのに，短いフレーズごとに先生が歌って聞

第3章　子どもの思いや育ちを理解する仕事

かせ，それを子どもたちに何度も復唱させたり，給食のいただきますの前に，とにかくひと通り歌わせたりといったことが繰り返されていたことでした。

　先生が2人いて，ひとりが伴奏し，ひとりが歌って，2人で音楽を楽しむ姿をどうして見せてあげられないのだろう。歌うって楽しいねを，どうして身をもって子どもに示さないのだろう，私はそう思ったのです。保育者自身が音楽の楽しさを子どもたちに伝え，僕も私もやってみたい，歌ってみたいと思ってもらい，そう思った子から歌に参加してくればいいのにと強く思いました。早く覚えて歌えるようになるという結果だけが追い求められ，それがあたりまえのようになっている保育現場はいまも少なくないように思います。

3　子どもを読み解くということ

❶ 子どもを読み解く複数の視点

　私が小学5年生の時でした。前日から用意していた家庭科の教材を机に置き忘れて登校してしまいました。それに気付いた母は学校まで届けようとしたのですが，父は，懲りないとわからないからと母を許しませんでした。私は忘れ物の常習犯だったのですが，両親の対応の違いは，どこからくるのかといえば，母はとにかく私をかわいそうに思い，父は甘やかしては為にならないと考えたのでしょう。父は厳格でしたが，いまにして思えば，父の態度もまた，私へのやさしさであったことに思い至ります。両親の態度はどちらも我が子へのやさしさの発露でありながら，結果において正反対ともいえる対応になったのは，父親と母親の役割の違いであり，子育て観の違いであり，ひいては人間観の違いではないでしょうか。

　保育の場を子どもと共に生きる保育者も，それぞれが自分なりの判断基準に基づいて子どもに対応しています。ところがその基準は，保育者によって異なることもありますし，保育所の方針が保育者間で共有されると，そこにゆるやかな統一も生まれてきます。子どもを読み解く視点は複数あり，そのことに自覚的であることが，保育

者の懐の深さにつながるように，私には思えるのです。本節では，はじめに大学の福祉学部で保育を学ぶ学生が，保育ボランティアで体験したエピソードを取り上げて，子どもを読み解く視点を考えてみましょう。

Episode 3　酢の物キライ？

大学2年生　安田拓生

【エピソード】

　私が給食を食べていたテーブルの前には，そうちゃん（仮名，2歳）が座っていた。最初は「おいしい？」「うん！　おいしい」などと言いながら楽しく給食を食べていたのだが，食べ進めていくうちに，そうちゃんがきゅうりとわかめの酢の物に手を付けていないことに気付いた。私が「これ食べへんの？」と聞いても「イヤッ」と言い，他のものを食べたり，フォークをカチャカチャと鳴らし始めたりしてしまった。「そうちゃん，そんなことしたらお行儀悪いで」と言いながら私も給食を食べ続けていると，そうちゃんは退屈になったのか私と遊びたかったのか，自分の席を立ち，給食を食べている私の背中にぎゅっと抱きついてきて「きゃはは」と喜んでいる。私は，「何？」と背中に手をまわし少しすぐるようにそうちゃんをつかまえ，「そうちゃんまだご飯残ってるやん，ごはん全部食べてから一緒に遊ぼう」と自分の場所に戻るように促すと，少しの間「きゃはは」と笑っていたものの，「やー！やー！」とそうちゃんは何か言いながら，少し不満そうな顔で私の手を引き，自分の席へ戻った。

　私は「じゃあ，先生あーんしてあげるから，あとちょっと残ってるの，食べようよ」と，そうちゃんが食べていなかった酢の物と，少しだけ残っていたごぼうのきんぴらを食べることを勧めた。すると，きんぴらは食べてくれるのだが，やはり酢の物は「これイヤー」と食べてくれない。やっぱり嫌かぁ……。わかめが嫌いなのかな？　それともきゅうり？　酢？　と私が考えていると，そうちゃんは「先生もー」と，私が自分の場所に置いてきた給食を自分の隣にもってこようとする。「そやな，じゃあ先生もそうちゃんの隣で食べよう」と，私がそうちゃんの隣で残りの給食を食べ始めると，そうちゃんは何か歌い始め，私は『アレ？　とうとう給食もう嫌になったのかな』と思い，「そうちゃんごはん食べてからにしようよ，（給食は）もういいの？」と聞くと，そうちゃんは少し黙ってそっぽを向き，今度は「おーあーあーえー！」と，何かを私に訴えている。私は，そうちゃんが何を言いたいのか理解できず，「ん!?　どーしたん？」と何度か聞き返してしまっていた。するとそうちゃんはとうとうしびれを切らしたのか，私の手を引き，給食の配膳，片付けを行う場所に移動し始めた。私は，あっ片付けかな？　と思いつつ，そのまま付いていってみると，その場でそうちゃんはまた「おーあーいーえー！」と私に訴える。私たち2人の前には給食に使うフォークとお箸が置いてある。その時私は，はたとそうちゃんの言っている言葉の意味を理解した。そうちゃんは，「おーはーしーで！」と，私に何度も訴えてくれていたのだ。そのことをやっと理解できた私は，「そうか，そうちゃんゴメンな，そうちゃんお箸で食べたかったんやな，よしっ！　じゃあお箸あったし，残りの給食食べよっか！」と，そうちゃんに言うと，そうちゃんは笑顔で大きくうなずいてくれた。

　そして，自分たちの席に戻り残りの給食を食べようとすると，なんとそうちゃんは，グーで掴む形ではなく，まだまだキレイとは言えないものの，きちんとしたお箸のもち方で，懸命に残りの給食を食べ始めた。ごぼうを食べ終え，とうとう残るは酢の物だけ。私はどうなのかと，ドキドキしながら見てい

62

ると，必死にお箸を使い，わかめを掴み，「ぱくっ！」あれだけ嫌がっていたわかめをためらうことなく口に運び，モグモグ食べている。私は驚きと共にとてもうれしい気持ちになり，すぐさまそうちゃんに「そうちゃん，すごいやん！ おいしい？」と声をかけた。そうちゃんは，とても満足そうな笑顔で「おいしい！」と応えてくれた。それからは，酢の物を嫌がっていたのがうそのように，酢の物が入った食器を片手にもち，お箸で流し込むように酢の物を口に運び，きゅうりひとつ残さずきれいに完食していた。

【考察】
　まず，何よりそうちゃんの気持ちをすぐ理解してあげられなかったことが本当に申し訳なかったと感じた。私にしてみれば，「どうしたんだろう？」としか感じていなかったやり取りも，そうちゃんはずっと伝えたいのに理解してくれないと感じていたのだとしたら，と考えると心苦しい。（以下略）

　安田君は考察で，そうちゃんのお箸の要求に気付けたことを本当によかったと書いています。保育の場に臨んだ安田君にしてみればやはり，「おーあーいーえー！」が「お箸で食べたい」だということに気付けたことが，強く印象に残ったのでしょう。でも当事者ではない私には，安田君に気持ちを伝えようとしているそうちゃんの行動に興味をもちました。それは次の4点です。
　① 私の背中にぎゅっと抱きついてきて「きゃはは」と喜んでいる
　② 少し不満そうな顔で私の手を引きながら自分の席へ戻った
　③「先生もー」と，私の給食を自分の隣にもってこようとする
　④ 私が隣で残りの給食を食べ始めると，そうちゃんは歌い始めた
　上記の①〜④は，そうちゃんが"安田君と一緒がいい"を，何とか伝えようとしているのではないか，という観点から，抜き書きしています。それは，「好き嫌いはだめ，遊び食べもだめ，食べ残しはもったいない」という，保育者なら誰でもがもつ思いから離れて，そうちゃんの行動そのものに注目し，行動そのものからそうちゃんの気持ちを汲み取るためです。そうすることで，お箸で食べるまでのそうちゃんの行動が，また違った意味をもつことに気付けるのではないでしょうか？
　一方で，はじめの読みに戻って，「好き嫌いはだめ，遊び食べもだめ，食べ残しはもったいない」という観点から上記の①〜④を見ると，そうちゃんの行動は，"困ったなあ"というふうに見えてきます。一般的には，こちらの観点から見ることになるでしょう。だからこそ，お箸で全部食べてくれたそうちゃんに出会えたことがうれしくもあったわけです。

この２つの読みを安田君に伝えたところ，彼はさらに考察を重ね　て興味深いテーマと格闘しています。それは，自分はこの場面で，「好き嫌いはだめ，遊び食べもだめ，食べ残しはもったいない」などとは微塵も思っていなかったつもりなのに，こうしてエピソードに書き，研究室で語り合ってみると，自分の中にも好き嫌いはいけないことだ，行儀の悪いのも困るという気持ちがあり，知らず知らずのうちにそれが言動となってあらわれていることに驚いているというのです。

　私たち保育者は，子どもと生活を共にしますから，そこには素の自分がありのままににじみ出る時があり，思ってもみなかった言動をとっていることも少なくありません。ですから，ここまで紹介してきたように，エピソード記述によって保育の場を振り返り，そこに生起した出来事の意味を問い続けなければならないのです。

❷ 子どもをあきらめない

　子どもがひとつのおもちゃを取り合うことは，保育の場ではしばしば起こります。全く同じものを探して与えても，そっちがいいと，はじめのおもちゃに固執します。ある研修会で聞いたのですが，そのような時には，"おとりあげ"といって，保育者がもらって高いところに置くのだそうですが，それでは子どもの心は育たないのではないでしょうか。トラブルが解消することが目的なのではなくて，思いのぶつかり合いに保育者の思いもない交ぜになって，何とかしのいでいくのが，保育です。

　次に紹介するエピソードもやはり，保育者が２人の子どもの要求に一度には応えられない場面を取り上げています。これは，保育者が常に複数の子どもとの関わりを迫られるため，保育の場ではどうしても避けて通れない保育のたいへんさであり，それだけに保育者が子どもから試される場面でもあります。

Episode 4 　青いバケツ

岩屋保育園　北村江里子

　この日は参観日で，親子製作に取り組んだ。終わった子からテラスに出て思い思いに遊んでいる。さとし君（仮名，２歳２か月）も青いバケツをもって何やら始めようとしていた。そこへやすお君（仮名，

第3章　子どもの思いや育ちを理解する仕事

２歳７か月）がやってきて，何も言わずにさとし君のバケツを力ずくで奪い取った。突然のことに驚いたのか，さとし君は泣き出してしまう。私はやすお君に，「そんなん，急に取ったらあかんやろ。さとし君が使ってはったんやで。返してあげよ」と話しかけた。やすお君は，「いや！　いや！」と怒った様子で応える。そこで私はやすお君に，「じゃあ，他のバケツ，一緒に探しに行こうか？　それはさとし君に返してあげて」とやすお君の手をとって誘うように言ったが，さっきよりももっと怒った様子で，「イヤー！」と泣き叫び始めてしまった。仕方なく，「じゃあ，また後で返してあげてね」と言って手を離した。するとやすお君は，泣いているさとし君に向かって，大きな声で「あとでな！」と言った。そしてやすお君は，手に入れた青いバケツに土を入れて遊び始める。

　私は，呆然としたまま泣いているさとし君をなだめながら，他のおもちゃを一緒に探した。するとさとし君はおもちゃ箱からスコップを選んでうれしそうにもち歩く。そこへやすお君がさとし君から取り上げた青いバケツにいっぱいの土を入れてもってきて，さとし君に「はい，どうぞ」と差し出した。さとし君は驚きながらもうれしそうに，「ありがと」と言って受け取る。私もその場に行き，「さとし君に土を入れてあげようと思ったん？」と聞いた。するとやすお君は恥ずかしそうに笑いながら，「うん，入れたげた」と答えてくれた。さとし君にも「よかったなあ」と言うと，「うん！」と元気に答えて，参観にきていた友達のおばあちゃんのところへ駆けより，「見てみー」と土のいっぱい入った青いバケツをうれしそうに見せた。

　どうしても返さないというやすお君に手を焼いた北村保育士が，「じゃあ，また後で返してあげてね」という場面で，とうとう先生もあきらめたか，と思った人もいるかもしれません。でも北村保育士は，返すという条件つきで青いバケツをやすお君が使うことを認めます。ですからやすお君もさとし君に，「あとでな！」と大きな声で伝えました。譲歩はしてもあきらめることはしない，このことが子どもたちに理解されることが大切であることを，このエピソードは私たちに教えてくれます。

　やすお君はバケツがほしいのですから，バケツを渡してあげることがやすお君を認めたことになるように思われますが，私はそうではないと思います。実は，このエピソードを私たち数名で議論した時，いつものやすお君の様子を知っていますから，名前が出ただけで，「ああ，あのやすお君か……」と思ってしまっていて，エピソードを読む途中から，これは返さないぞと予想し，一体どうなるのだろうと思いながら先を読み進めました。すると北村保育士は，後で返すのよという条件を付けてやすお君がバケツを先に使うことを認めます。些細なことにこだわるようですが，ここは保育の機微にふれると言ってもいいほど，大切なところです。なぜなら子どもをあきらめない保育者の姿勢を，まわりの子どもたちも見ているか

65

らです。

　"ああ，またあの子か，あの子なら仕方がないな"というように保育者が決め込んでしまい，さっさと子どもの要求に負けてしまうことがあります。そうした態度が繰り返されると，その保育者の対応をまわりの子どもたちも取り込んでしまい，保育者の子どもイメージ，ここで言えば「どこまでも我をはるやすお君イメージ」が子どもたちにも共有されてしまうのです。「またやすお君か，やすお君なら仕方ない」といったように，まわりの子どもたちもやすお君をあきらめてしまうのです。先にも書いたように，議論した私たちも，恥ずかしいことにそのような予断をもってこのエピソードを読んでしまっていました。でも北村保育士は，先にバケツを使うことは譲歩しながらも，後で返してあげてねと条件を付けました。それが口先だけの気持ちのこもらない言葉だったとしたら，おそらくやすお君は，さとし君に「あとで」とは伝えなかったでしょう。やすお君はやすお君で，北村保育士の言葉をきちんと受けとめていたのでした。これはうがった見方かもしれませんが，譲歩はしても，あなたがバケツをさとし君に返してくれることで，そもそもさとし君が使っていたバケツだったことをあなたに認めてほしいの，という北村保育士の子どもをあきらめない気持ちがやすお君に伝わり，やすお君も，先生は僕のことを見放しはしないのだと受け取ってくれたのではないでしょうか。

　このような保育者の姿勢に支えられて，やすお君は土の入ったバケツをさとし君に差し出し，さとし君も，ありがとうとそれを受け取り，よほどうれしかったのでしょう，それを初めて会う人に見せていました。このように子どもは大人を求めますが，友達も求めるのです。そう考えると，そもそもさとし君が使っていたバケツをほしいと思ったのも，やすお君自身も気付いてはいない「一緒に遊びたい」気持ちが働いていたと考えることもできます。

　私がこのエピソードについて述べたことには，何の根拠もありません。証明しろと言われても，それはできません。ですが，保育者が保育の場に生起するいろいろな出来事を省みて，そこに保育的意味を見出し，それを保育者としての糧にしていくことで，保育者の心が育ち，それがまた子どもの心の育ちに返されていく，些細に見える事柄の中に保育の真実を見出すことこそ，保育者の誇りだと思います。

❸ 生活が充実するということ

　保育者には，子どもの心身の発達を見届け，必要な援助をし，基本的な生活習慣の習得を中心としたしつけと，遊びを中心とした教育を行う専門性が求められます。そうしたことをまずはすべて肯定した上で，保育者は子どもとの，「教え―教えられる関係」を脱して，"共に生きる関係"を意図しなければなりません。それは向き合う関係から，共に未来を見つめる関係への転換を図ることです。ですから，先にあげた専門性は，子どもの求めに応じて（子ども自身が気付いていない求めも含めて），臨機応変に発揮されるべきで，あらかじめ用意した課業を子どもに教え込むような方法は，もうとらないでおきたいと願うばかりです。そうなると，いったいどういった保育内容を準備するかが，問われることになります。たとえば戸外活動です。

　子どもたちを見ていますと，戸外での活動の方がトラブルは少ないように思います。それはおそらく，風や光，音や色彩が与える生きる実感のようなものが，外遊びを包んでくれるからではないでしょうか。自然との出会いも見逃せません。昆虫や草花と野原で出会う驚きを，私たち大人が奪っていいはずはありません。それを保育室内に置かれた虫かごやプランターで代用しても，野原での驚きにはほど遠いでしょう。飼育や栽培は，自然を資源として人に役立てようとする発想が根底にありますが，保育の場では，自然と共に暮らす発想でなければ，生活とは呼べないでしょう。

　私たち保育者は，子どもにあれこれ教えることも仕事ではありますが，子どもと共に保育の場を生活の場として生きることも仕事です。子どもとの生活は私たち自身の生活でもあり，子どもの生活の充実は，私たちのためにも大切なのです。

Book Guide

- 岡本夏木『幼児期――子どもは世界をどうつかむか』岩波書店，2005年
- 岡本夏木『子どもとことば』岩波書店，1982年

幼児期が人の一生にどのような意味をもつのか，その幼児期にある子どもに保護者や保育者の関わり（保育）はどのようであらねばならないかについて，上記の2冊を読むことをお勧めします。
・鯨岡峻・鯨岡和子『よくわかる保育心理学』ミネルヴァ書房，2004年
・鯨岡峻『ひとがひとをわかるということ──間主観性と相互主体性』ミネルヴァ書房，2006年
　子どもを一個の主体として受けとめようとする保育者もまた，一個の主体として保育の場を生きていきます。このような保育者のありようについて，まず『よくわかる保育心理学』を読んだ後，『ひとがひとをわかるということ』を読むことをお勧めします。

Exercise

1. 保育所や幼稚園やこども園，あるいは児童館などに出かけて，子どもたちと活動を共にし，そこでの自分自身の体験を具体的なエピソードに記述し，保育者や研究者に読んでもらいましょう。エピソード記述は，①タイトル，②背景，③エピソード，④考察で構成します。
できるだけ多くの子どもとの時間をもち，その体験を記述する習慣を身につけてください。
なお，具体的な記述の方法については，『保育のためのエピソード記述入門』（鯨岡峻・鯨岡和子，ミネルヴァ書房，2007年）や『エピソード記述で保育を描く』（鯨岡峻・鯨岡和子，ミネルヴァ書房，2009年）が参考になります。

第 4 章

子どもと一緒に心と体を動かす仕事

そりを滑っている子どもはどんな気持ちでしょうか？

2人とも笑みがこぼれています。きっと楽しい気持ちなのでしょう。でも，よく見ると，前の子は歯をぐっと噛みしめている感じがあるし，真ん中の子も半笑いです。もしかすると，2人とも少し不安感はあるかもしれません。でも，先生が後ろからぐっと支えてくれることで，包まれるような安心感に支えられているのでしょう。小さい頃の，ジャンプしたり，滑ったりするなどの体を空間にゆだねる経験が，体を動かす活動の自信につながったり，チャレンジする意欲にもつながっていくのかもしれません。

第4章　子どもと一緒に心と体を動かす仕事

1 幼稚園の場合

❶ 子どもの心と体を動かす保育者とは

　私の好きな絵本のひとつに，灰谷健次郎の『いっちゃんはね，おしゃべりがしたいのにね[1]』があります。幼稚園の新米先生と，入園してから一度も先生と話をしたことがない女の子との関わりを描いた作品です。以下に，物語のあらましを紹介しておきましょう。

→ 1　灰谷健次郎（文），長谷川集平（絵）『いっちゃんはね，おしゃべりがしたいのにね』理論社，1979年

　いっちゃん（かしま・いつこ）は，幼稚園にきてから，一度も先生と話したことがない女の子。話そうとすると胸がドキドキし，汗が出て，喉がからからになってしまいます。

　そんないっちゃんが，ある日，トイレのドアをあけた途端，新任の先生（わたなべ・いくこ）とぶつかり，転んでしまいました。

　「ごめんなさい。ごめんなさい」と半分泣きそうになりながら，いっちゃんを助け起こしたいくこ先生。その姿は本当におろおろしていました。様子を見に来た幼稚園で一番年上のあきよ先生にも，半分ベソをかいて答えている姿は，とても大人には見えませんでした。でも，いや，だからこそ，いっちゃんは，いくこ先生にぴーんと感じるものがありました。「いっちゃんと，いくこ先生は一緒」と……。

　いくこ先生は，給食を食べず，やせてガリガリのこうじ君との対応もうまくいきませんでした。スプーンを口のところにもっていっても，こうじ君は口をギュッと結んで先生をにらむばかり。いくこ先生は困りはて，いまにも泣きそうでした。

　この様子を見ていたいっちゃんは，何とかしてあげたいと思い，勇気を出して，いくこ先生を窓のところに連れて行きました。そして，先生の耳元で，こう言いました。「せ・ん・せ・い・お・そ・ら・の・く・も・が・や・ぶ・け・よう・よ」と……。

　この言葉に励まされ，いくこ先生は勇気を出して，もう一度，こうじ君のところに行き，今度は，にっこりしながら関わりました。

子どもの主体性を育てたい。保育者であれば，誰でも願うことでしょう。しかし，それは指示や命令をすれば育つというものではありません。子ども自身の心が動き，自ら行動にあらわす中で育つものです。とすれば，保育者にとって一番大切な関わりは，子どもが自ら感じたことを，素直に，そして意欲的にあらわそうとする姿を引き出すことです。

　「でも，そんなことは経験を積まねばできないことでしょう……」。

　学生や新人の保育者の中には，そんな思いをもつ人も多いようです。確かに，子どもの心を読み取り，それに見合った関わりができるようになるには経験も必要です。ただ，経験を積めば，自動的に豊かな関わりができるというものでもありません。ここで紹介した物語は，そのことを私たちに気付かせてくれているのではないでしょうか。

　新米の保育者である「いくこ先生」は，何をやっても失敗ばかり。しかも，子どもやベテランの先生の前で，ベソまでかいてしまいます。そんな頼りなく，とても先生とは思えないような「いくこ先生」に，「いっちゃん」は自分の姿を重ねていきます。そして，先生としてよりも，ひとりの人間として懸命に生き，その気持ちが素直にあらわされているところに心が動かされていったわけです。

　子どもは，大人が誠実に自分に関わってくれているかどうか，すぐに見抜きます。未熟，そして不器用であっても，いや，未熟で不器用だからこそ，懸命な生き様が伝わることも多いもの。「いくこ先生」の姿は，そんな子どもが共感を覚える保育者像をみごとに描き出していると思います。経験を重ね，巧みなテクニックを身につけることも大切ですが，それだけで，子どもの心と体が動くわけではありません。失敗をしないような先生像を理想化するのではなく，ひとりの人間としての感性を大切にすることを見失わないようにしたいものです。「いくこ先生」は，そんな保育者としての原点を気付かせてくれると思います。

❷ 遊びを支える5つの役割

　幼児期の生活の中心は遊びです。子どもは自分でやりたいことを見つけ，おもしろさを追求する中で，いろいろなことを体験します。また，遊びを通して，結果として多くのことも学びます。それゆえ，

第4章　子どもと一緒に心と体を動かす仕事

■2　河邉貴子『遊びを中心とした保育——保育記録から読み解く「援助」と「展開」』萌文書林，2005年

■3　文部科学省「幼稚園教育要領解説」2018年，p. 109.

幼児期の保育では，遊びを中心とした保育が求められているわけです。では，こうした遊びに保育者はどのように関わっていけばよいのでしょうか。この点について，「幼稚園教育要領解説」では，「幼児の主体性を重視するあまり，『幼児をただ遊ばせている』だけでは，教育は成り立たないということに留意すべきである」と，まず放任に陥らないことを指摘した後，「教師の役割」という視点から5つのポイントを示しています。それらは，「理解者」「共同作業者」「モデル」「遊びの援助者」「心のよりどころ」と要約することができます。

　以下，5歳児を担任する保育者が綴った保育日誌を基に，それぞれの役割について考えてみましょう。

Episode 1　なわとび（5歳児　12月）

　12月に入り，女児を中心になわとびが大人気。きっかけは，ケイコとナツミであった。2人とも姉がいて，家でもなわとびで遊んでいて，前跳びはもう100回以上もできるようになっている。私（ヨウコ先生）が後ろ跳びとあや跳び（交差跳び）をやってみせたら，さっそく真似して挑戦中。他の子どもたちの参加も増え，3分の2ぐらいの子どもたちが毎日，楽しんでいる。

　今後は，やる気はあるが，うまく跳べないケンタたちを必要に応じてサポートしたい。また，見ているだけで自分から入ってこないヨシミとハルカは，タイミングを見て誘ってみたい。長なわも用意しておき，興味をもった方から楽しめるように促したい。　　　　　（名前はすべて仮称）

　簡潔に綴られた保育日誌ですが，ヨウコ先生が考え，実行して（しようとして）いる関わりがよくわかる記録と言ってよいでしょう。

　まず，ヨウコ先生は，なわとびが得意なケイコとナツミについて，姉がいて，家でも遊んでいることを把握しています。また，同じクラスにも，やる気はあってもうまく跳べないケンタたちがいること。さらに，まだ仲間入りはしていませんが，「見る」というかたちで参加しているヨシミとハルカがいることも把握しています。これは「理解者」としての役割を果たしている姿と捉えられるでしょう。

　ちなみに，「幼稚園教育要領解説」では，「理解者」について，次のように述べています。

　　集団における幼児の活動がどのような意味をもっているのかをとらえるには，時間の流れと空間の広がりを理解することが大

73

切である。時間の流れとは，幼児一人一人がこれまでの遊びや生活でどのような経験をしているのか，今取り組んでいる活動はどのように展開してきたのかということである。これらを理解するには，幼稚園生活だけではなく，家庭との連携を図り，入園までの生活経験や毎日の降園後や登園までの家庭での様子などを把握することが大切である。また，空間的な広がりとは，自分の学級の幼児がどこで誰と何をしているのかという集団の動きのことであり，これらを理解するには，個々の幼児の動きを総合的に重ね合わせ，それを念頭に置くことが大切である。[4]

➡4　同前掲3，p. 109.

　このように「理解者」とは，個と集団の両面から，子どもの状態，気持ちなどをしっかり把握することを求める役割です。そのためには，園内の姿だけでなく，家庭の様子も含めて理解を進めることが重要です。適切な関わりを行う上で，確かな子ども理解は不可欠であり，子ども理解が誤っていれば，関わりもずれていきますから，当然の姿勢と言ってよいでしょう。どう関わるかを考える前に，まずは「理解者」としての役割を大切にしましょう。

　次に，ヨウコ先生の関わりの中で，注目したいのは，子どもに後ろ跳びとあや跳び（交差跳び）をやってみせたということです。

　ヨウコ先生はとても活発な先生です。特に，体を動かすことは大好きで，「子どもに教えてあげよう」というよりも，「私も楽しみたい」また「私もできる。見てて！」といった姿勢をもっています。言わば，ガキ大将のような一面ももつ保育者です。こうした姿は，子どもにとって魅力的に映ります。だからこそ，ケイコとナツミも，すぐにこの遊び方を取り入れたわけです。こうした，子どもがあこがれる姿を示すことを「幼稚園教育要領解説」では，「モデル」としての役割と述べています。教え込みではなく，子どもが自発的に新しいことに挑戦しようとする姿を引き出す役割と言ってもよいでしょう。

　もちろん，「モデル」としての役割は，新しい遊び方を示すだけでなく，善悪の判断を示す場合もあります。保育者がトラブルを仲裁し，それを他の子どもも見ているといった場面が典型的でしょう。さらに，他者をいたわり，思いやりの心を培うことにつながるケースも考えられます。子どもは常に保育者のことを見て，いろいろなことを吸収しています。「モデル」という役割を自覚することは，

無意識に行っているふるまいを見直すことにもつながる視点と言えるかもしれません。

また，ヨウコ先生が子どもと一緒になわとびを楽しむ姿は，遊びを盛りあげることにもつながっています。こうした，子どもの遊びに共感・共鳴し，一緒に遊びを楽しむ姿を，「幼稚園教育要領解説」では「共同作業者」としての役割と述べています。子どもと同じ目線で，同じ方向に向かって楽しんでいく先生がいることは，子どもの遊びや生活をより豊かにするはずです。保育者が先生としてよりも，仲間のひとりとして加わることで遊びも賑わい，他の子どもたちの参加を呼び込むこともあるでしょう。保育者にとっても，子どもと一緒に行動することで，子ども一人一人の心の動きや行動の意味がより深く理解できるはずです。「共同作業者」としての役割は，こうした意味ももった関わり方なのです。

さらに，保育日誌を読むと，ヨウコ先生が「やる気はあるが，うまく跳べないケンタたちを必要に応じてサポートしたい。また，見ているだけで自分から入ってこないヨシミとハルカは，タイミングを見て誘ってみたい」と考えていることがわかります。遊びだけに限らず，物事はいつも順調に展開されるわけではありません。このように，遊び初めてみたものの，やり方がわからず，投げ出しそうになることもあります。やりたい気持ちはあるが，「入れて」の一言が言えない姿を見かける時もあります。そんな時，「遊びは子どものものだから……」と保育者からの働きかけを遠慮すると，育つ機会も失われます。それを避けるためには，子どもが求めている範囲で誘ったり，ヒントを与えてあげることも必要です。

こうした働きかけを「幼稚園教育要領解説」では「遊びの援助者」としての役割と述べています。働きかけというとすぐに「指導」をイメージする保育者も多いようですが，それでは強引に「ああしなさい」「こうしなさい」となりがちです。子どもが求めている範囲の事柄に応えるという意味をもった「援助」という言葉を大切にし，働きかけの幅を広げてほしいものです。

最後に，ヨウコ先生の保育日誌に直接綴られていることではありませんが，子どもたちが先生も含めて楽しく，のびのび遊んでいる姿を見ると，先生と子どもの関係がとてもよい雰囲気であることがわかります。その背景には，子どもたちが先生を信頼し，それを支えに安定した生活を過ごしていることがあると思います。そして，

この良好な関係が保育者の多様な役割を果たすことにもつながっているわけです。こうした点について、「幼稚園教育要領解説」では次のように述べています。

　このような役割（「理解者」「モデル」「共同作業者」「遊びの援助者＊」）を果たすためには、教師は幼児が精神的に安定するためのよりどころとなることが重要である。幼稚園は、幼児にとって保護者から離れ、集団生活を営む場である。幼稚園での生活が安定し、落ち着いた心をもつことが、主体的な活動の基盤である。この安定感をもたらす信頼のきずなは、教師が幼児と共に生活する中で、幼児の行動や心の動きを温かく受け止め、理解しようとすることによって生まれる。その時々の幼児の心情、喜びや楽しさ、悲しみ、怒りなどに共感し、こたえることにより、幼児は教師を信頼し、心を開くようになる。[5]

5　同前掲3、p.110.
＊括弧内は筆者補足。

　これは、保育者の役割として「心のよりどころ」となることを期待したものです。どんな役割を担うにしろ、子どもが安定しなければうまくいきません。それだけに、安定感をもたらす「心のよりどころ」となることは、保育者が果たすべき役割の基盤となるものでしょう。保育の中では信頼関係作りが重視されますが、それは入園・進級時だけに限りません。関係の在り方は常に変わるものです。それだけに、関係は作り続けていかねばならないものでもあります。常に子どもから信頼を得られるように努力を続けていきましょう。そのために、言葉かけだけに頼るのではなく、子どもを愛し、スキンシップなど身体全体を含めた関わりを大切にしていきましょう。

　以上、「幼稚園教育要領解説」で指摘されている5つの役割を手がかりに、遊びを中心とした保育を進める上での保育者の関わり方を述べてきました。ただ、5つの役割は、はっきりと区別できるものではありません。ヨウコ先生の例でも見たように、「モデル」としての役割と、「共同作業者」としての役割ひとつとっても、実際の場面ではつながっています。「いまは○○の役割を果たす時」などと、5つの役割をバラバラに捉えることなく、「それぞれがつながっている」と考え、柔軟な関わりを心がけていきましょう。

　また、5つの役割が常に子どもの主体性を育てるためであることを見失わず、発達過程を見通し、それぞれの時期にあった関わりを

第4章　子どもと一緒に心と体を動かす仕事

考えることが大切です。さらに，遊びの種類や状態にそった関わりを考えていくことも大切にしていきましょう。もちろん，子どもの主体性が発揮されるためには，遊びの場や道具などの環境が豊かに用意されることも必要です。保育の基本である環境を通して行う保育を土台に，子どもの成長・発達に必要な豊かな体験を保障していきましょう。

❸ 活動や行事を子どもと一緒に作る

　幼稚園では，自由な遊びとは別に，クラス全体で取り組む大きな活動もたくさん用意されています。代表的なものは行事でしょう。幼稚園によって呼び方は様々ですが，たとえば運動会，作品展，生活発表会（劇や音楽活動の発表）などがそれに当たります。

　ただ，こうした行事は，保育者，子どもの双方にとって負担となっているケースも多いようです。特に，行事当日，保護者に見にきてもらうとなると，うまく見せることばかりを考え，子どもを叱ってばかりという保育もみられるようです。保護者が喜ぶ内容を保育者が一方的に決め，子どもに強いるという場合もあるようです。保育現場では「ヤラセの保育」という言葉も聞かれますが，かたちに捉われ，練習に明け暮れるような行事活動は，その典型なのかもしれません。

　しかし，本来，行事はそうした活動ではないはずです。生活の節目として，生活に彩りを与えるものです。また，日常生活とは異なる特別な一日として，普段とは異なる楽しさを味わう時です。そして，クラス全体で取り組むからこそ，子どもの人間関係も深まり，クラスもまとまっていく機会となるはずです。「みんなと一緒に力を合わせると，こんな楽しく，すごいことができる」と実感でき，協同，協力する意味や方法も身につくわけです。

　行事をこうした本来の姿に戻すためには，保育者の発想の転換が必要です。保育者主導の展開を見直し，主役は子ども自身であり，取り組む内容も子どもと一緒に作っていくのだと考えていくようにしましょう。

77

Episode 2　かけっこからリレー遊びへ（5歳児　9月）

　進級時から，体を使った遊びが大好きな子どもたち。「学校ごっこ」では，先生役のヒロミが「体育の時間よ」と声をかけ，園庭のアスレチックを順番にまわり，登ったり，飛び降りたりする遊びを楽しんでいた。近くの原っぱに散歩に出かけた時は，すぐに「競争だ」とかけっこを楽しんでいた。

　そんな子どもたちが夏休み明けに「オリンピックごっこ」を始めた。休み中，テレビで見たオリンピックに刺激されたようだ。

　特に，コウタを中心にリレーごっこが大人気。最初は，バトンタッチを何度も繰り返すだけのエンドレスな遊びだったが，カズキが「また，走るの？　疲れちゃった。これ，いつになったら終わるの」と言い出したことから，アンカーの存在に気付き，全員が一度走ったら終わりになることになる。白線でトラックも描き，円形リレーのかたちも整いつつある。

　もうすぐ，運動会もあり，こうした遊びを種目へとつなげていきたい。クラス対抗への意識も高め，作戦を考えたりしながら，仲間意識も深めていきたい。　　　　　　　　　　　　（名前はすべて仮称）

　このエピソードは，園行事を代表する運動会の種目が，普段の遊びから生み出されていく姿をよくあらわしています。この幼稚園では，5歳児に限らず，すべての学年で，普段の遊びを運動会の種目につなげようと考えています。たとえば，以前，「電車ごっこ」が大好きであった3歳児年少組では，運動会に向け，子どもと一緒にダンボールで電車を作り，運動会当日は，それに乗って冒険に行くというシチュエーションを考え，山に見立てた跳び箱を乗り越えたり，橋に見立てた平均台を渡る種目を楽しんだそうです。また，4歳児年中組では，女児を中心にダンスが流行っていたことを踏まえ，子どもが踊りたい曲を選び，振り付けも子どものアイディアを取り入れながら，運動会で楽しんだそうです。

　このように，生活の節目である行事を，遊びの延長線上に位置付け，子どもと一緒に遊びを発展させながら作り出していくと，子どもも保育者も充実した当日を過ごすことができます。行事を遊びや生活と切り離すことなく，つながりを意識しながら，子どもと一緒に心と体を動かしながら作っていく。こうした姿勢を大切にしていければ，行事も楽しいものとなることでしょう。

　また，こうした楽しい体験は，終わってからも繰り返し遊ばれていくはずです。遊びから行事が生まれ，また遊びにかえって行く。そんな循環が，園生活を充実，発展させていくのだと思います。個と集団の高まり合いを期待しつつ，子どもが主役の行事の展開を考えていきましょう。さらに，行事は大きな活動ですから，いろいろ

第 4 章　子どもと一緒に心と体を動かす仕事

な体験を味わう機会にもなります。たとえば，運動会とはいえ，先の電車作りやダンスのように，運動的な活動だけでなく，多様な体験が盛り込まれた総合的な展開も大切にしていきましょう。

❹ 心地よい生活の仕方を子どもと一緒に考える

　幼稚園は，子どもにとって集団生活を体験する場です。人間はひとりでは生きていけませんから，子どもはこの集団生活を通して，人との関わり方や，生活の仕方を学んでいくことが大切です。

　特に，生活の仕方に関しては，ご飯を食べる，トイレに行く，手を洗うといった基本的な生活習慣を身につけていくことだけでなく，食事のためにテーブルを出す，テーブルをふく，あるいは，遊び道具の片付けや，部屋の掃除など，クラス全体に関わる事柄をどう進めていくかという課題もあります。もちろん，入園当初は，それらは保育者がやってあげることになるでしょう。しかし，いつまでも保育者がやってあげるのでは子どもは受身のままで，集団生活を自分たちで進めていく力が身につきません。こうしたクラス全体に関わる事柄を仮に "しごと" と呼ぶとすれば，こうした "しごと" を年齢に応じて少しずつ子どもに任せていくことも必要です。多くの幼稚園では，こうした "しごと" を当番活動として取り組んでいます。

　ただ当番活動も，時にノルマ化し，子どもたちが積極的に取り組んでいないケースもみられます。特に，子どもの気付きを待たず，「4歳児になったから食事当番をさせる」「5歳児だから，当番の数を増やす」といった場合では，負担感さえ感じることもあるようです。さらに，当番活動が形式化すると，目の前にゴミが落ちていても，「当番じゃないから拾わない」といった姿さえみられます。

　こうした姿を避けるためには，当番活動を保育者のお手伝いから生み出すようにするとよいでしょう。子どもは大人がやっている "しごと" に大変興味を示します。特に，大好きな保育者がやっていることであれば，「やってみたい」「お手伝いしてあげる」と気持ちも高まるはずです。保育者もこうした興味・関心を引き出すために，日頃からテーブルふきや掃除など，心地よく暮らすための生活の仕方を楽しそうにやってみせることを心がけましょう。そして，子どものやる気を受けとめ，手伝ってもらった後は，たくさんほめてあげます。

こうしたことを丁寧に繰り返していくと，手伝いの輪も広がります。しかし，食事前のテーブルふきひとつとっても，いつまでもたくさんの人数でできるわけではありません。こうしたタイミングを捉え，クラスで話し合いをもち，やってみたい"しごと"の内容や，分担・交代の方法を子どもと一緒に考えていく。これが結果として当番となり，「自分たちに関わる"しごと"を，自分たちで進めていく」という姿にもつながります。クラスとして心地よい生活の仕方を一緒に考え，少しずつ子どもに任せていくようにしましょう。

　なお，心地よい生活の仕方を保育者のふるまいを通して伝えていくためには，普段の生活を充実させることも大切です。ひとりの大人として自立した生活を営み，豊かな生活感覚を培っておきましょう。

❺ 楽しいクラス作りを進めるために

　クラスの雰囲気は保育者の姿勢に大きな影響を受けます。明るく，楽しいクラスを望むのであれば，保育者自身が日頃からそうした姿勢を示すことが必要です。そのために心がけてほしいことのひとつに，ユーモアのセンスをもつことがあります。

　とかく，「先生」という仕事は生真面目さが求められることが多いのですが，これだけでは子どもも息がつまります。一緒に遊ぶ時はもちろんのこと，歌を歌ったり，絵本を読んだり，また，話し合いをする時など，楽しい気持ちを素直にあらわしてみると，クラスの雰囲気もなごみます。ゆとりがなく，子どもの前で心から笑ったことがない，口調も厳しくなっているということがないように，心がけたいものです。

　ただ，人によっては明るさやユーモアを誤解しているケースもみられます。力任せに子どもと戯れたり，下品な冗談を言ったり，あるいは，テレビのバラエティ番組で流行っているギャグをまね，子どもの笑いを取るといったことは，明るさやユーモアを示すこととは似て非なるものです。その意味で，ユーモアのセンスは性格の問題ではなく，教養の問題と言えるかもしれません。

　「おもしろければ何でもよい」ではなく，上質の文化を伝えることも保育の大切な役割と自覚し，保育の専門的な勉強だけでなく，多様な文化・芸術にふれ，人間としての教養・資質を高める努力をしていきましょう。直接，子どもに伝えられることは少なくとも，

第4章　子どもと一緒に心と体を動かす仕事

一緒に生活する中で，それらは自然とにじみ出てくるはずです。こうした姿勢が，クラスの雰囲気をより豊かなものに変えていくのだと思います。

2 保育所の場合
——0・1・2歳児保育における保育者の役割

❶ 保育は「ひと」なり

　最初に，ひとつのエピソードを通して乳幼児にとっての保育者の存在を考えてみましょう。

　これは私の保育者としての実体験なのですが，4年の間に旧園舎から仮園舎そして新園舎へと引っ越しをした経験があります。旧園舎から仮園舎へは夏休み明けに，仮園舎から新園舎へは5月の連休明けという二度とも年度の途中の引っ越しということになってしまいました。

　0・1・2歳児にとって，生活の場の激変はかなりのストレスや不安材料になるであろうと覚悟をした上でのやむを得ない事情での引っ越しでした。保育室に入ることを泣いて嫌がるのではないか？　落ち着かなくて食事や睡眠がとれないのではないか？　不安をたくさん抱えての新しい保育室での初日でした。しかし意外にも子どもたちは，二度の引っ越しともまるで不安な様子はみられずに，いつも通りの様子で登園してきて保育者めがけて駆け寄り，これまで通りの生活をしました。もちろん子どもたちには引っ越しの前に，新しい生活の場所を見せて今度からここが生活の場になるということは事前に話してありましたし，保育者はできるだけいつも通りの穏やかな雰囲気を心がけて子どもたちを迎えるように配慮しました。しかし，それでも間取り，部屋のレイアウト，天井の高さによる音の響きの違い，広さ，色合いなどまるで異なった雰囲気を余儀なくされたにもかかわらず，誰ひとりとして環境が変化したことによる明らかな不安定さはみられませんでした。本当に予想外で不思議ささえ感じる結果でしたが，このことは，大事なことを証明したのではないでしょうか。つまり，乳幼児の安心や安定は，保育者への信

81

頼感によって支えられているということです。保育はやはり「ひと」，換言すれば乳幼児の保育は保育者との関係が重要であると言えましょう。

　保育所保育指針の第1章　総則2　養護に関する基本的事項（1）養護の理念において，「保育所における保育は，養護及び教育を一体的に行うことをその特性とするものである。保育所における保育全体を通じて，養護に関するねらい及び内容を踏まえた保育が展開されなければならない」とあります。

　たとえば，乳児が手づかみ食べをしている時に，はじめは握りつぶしていた豆腐を，やがてつぶさずに摘まむことができるようになる時が来ます。そこには，豆腐の特性に気付き，自分の指先の力をコントロールする必要を感じて調整する，という学びがあります。衣類の着脱をしている時にも，“窮屈”とか“ゆったり”とかの着心地を感じ，“ふわふわしている”“ざらざらしている”などの感触に気付く学びをしているのです。このように，丁寧に子どもの生活の細やかな部分に感性を働かせてみると，乳幼児にとっては，生活すべてがあそびであり学びであると気付かされます。それは，当然切り離すことはできないことですので，乳幼児が生活している時すべてにおいて学びを意識した大人の存在が必要なのです。換言すれば，養護と教育を一体的なものと捉えることができるまなざしと関わりができることが保育者の専門性と言えるでしょう。さらに，養護は，生命の保持と乳幼児の情緒の安定・安心を支えるものであり，それは，子ども一人一人の心の安心と安定を支える軸となります。その軸があってこそ，生活の中で知りたがる，関わりたがる，行動したがる意欲につながっていくのです。そしてそれは子ども一人一人の育ちの保障に留まらず，子ども同士の育ち合いの保障の場，そこに関わる保護者も含めた育ち合いの場となるわけですから「保育所保育の基盤」と言えるのです。

❷ 一人一人の「育つ力」を信頼できる保育者

▶6　小西行郎『赤ちゃんと脳科学』集英社，2003年，p.37.

　小西は，『赤ちゃんと脳科学』[6]の中で「近年，胎児や新生児といえども，感覚能力を超える，より高次な機能──外からの刺激を捉えて判別する“認知”などいくつかの能力──を獲得していることが証明されるようになりました。これは，発達心理学者ピアジェ，

第4章　子どもと一緒に心と体を動かす仕事

写真4-1　自ら育つ力をもっている

J.（1896-1980）が"赤ちゃんは無力である"と唱えたことをくつがえすほどの大発見となりました」と述べています。また，動物と違って人間の赤ちゃんだけが，誕生した時から不安がらずに仰向けで過ごせるのは，人と目を合わせて関わりをもっていくことが必要だからではないか，と言われています。

　保育者が乳幼児と関わっていく時には，このように胎児の頃から自ら育つ力をもっているということ，人間が人間らしく豊かに成長するために人との関わり合いの質が重要であることということを科学的に理解し，認識していることが専門性としてのベースになっていなければなりません。その上で，生き物の特性としての多様性つまり，一人一人のもつその子らしさをしっかりと捉えて寄り添っていこうとする丁寧なまなざしをもつことが必要なのです。それが，保育所保育指針に表現される「子どもの最善の利益」を保障するということであり，「発達過程」に添った保育ということになるのです。

　人間の感覚は，視覚からの刺激に影響されやすいと言われていますが，たとえば目の前にりんごがあった時に，それを見ているすべての人が同じに見えているでしょうか？　りんごが大好きな人と大嫌いな人では，見え方も観察の仕方もまるで違っているはずです。りんごが大好きな人は，味も質感も香りまでも思い浮かべながら興味をもって見るでしょう。反対に大嫌いな人は，逃げ出したいような感覚で目をそらすでしょうし，りんごについての知識も大好きな人よりは少ないはずです。つまり，人間は物を見る時に見たいように見てしまうのです。このことから，りんごを子どもに置き換えると"乳児はまだ何もわかっていない，無力だ"と思っている保育者

➡7　後藤和文『子どもが輝くとき――遺伝子レベルから考える子育てと教育』熊本日日新聞情報文化センター，2002年

➡8　福岡伸一『動的平衡――生命はなぜそこに宿るのか』木楽舎，2009年

と，"いろいろなことに感じて気付いている"とわかっている保育者では，言葉のかけ方，対応，環境への配慮ひいては保育の質もまるで異なってくるということです。

　ここでエピソードを通して保育者の視点について考えてみましょう。

Episode 3　みんな違っておもしろい

　ハイハイが上手になってきた美央ちゃん（10か月）と博之君（11か月）。ゆっくりひとり歩きができるようになってきたまなかちゃん（1歳），ほふく前進ができるようになった健一君（6か月）。みんな保育室の中を所せましと活発に動いて遊んでいるので，今日は活動範囲を広げてみようと，思い切って乳児室のドアを開放してみました。乳児室から廊下への出入り口は15cmほどの段差があります。危ないので，いつもはドアを閉めておくのですが，今日はその段差を遊びに使ってみることにしました。危険のないように，段差の下にマットを敷き，保育者は段差近くで座ってみんなを誘いました。

　すると一番先に，活発で好奇心旺盛な博之君がまっしぐらにやってきて，段差をまるで意識せずに，頭から下りてきました。両腕が体重を支えられなくてつぶれましたが，マットを敷いておいたので，痛い思いをせずにすみました。次には，美央ちゃんがやってきました。

　美央ちゃんは段差の所までくると止まりました。おもむろに後ろ向きになり，足から上手に下りてきたのでびっくりです。次には健一君。ずりずりと前進してきて，段差のところでやっぱり止まりました。そして，段差の下に片手をのばした後，保育者の顔を困ったように見ました。

　「そうね，ちょっとこわいね。こうするといいのよ」と，さっきの美央ちゃんのように，後ろ向きにして，足を段差の下に付けてあげるとうまく下りることができました。ひとり歩きができるまなかちゃんは，どうするかと思って見ていると，柱につかまりながら慎重に立ったまま片足ずつ下りてクリアしました。

① 保育者の視点

　普段は，危ないからと抱いて下ろしてしまっていた段差でしたが，子どもたちにまかせてみたら，乳児でも，状況を感じとり，自分なりに考えて行動する力があると気付かされました。また，それぞれの個性もよくあらわれていました。段差に無頓着だった博之君は，日頃から転びやすかったりぶつかったりすることが多いのですが，この時の様子から，好奇心が勝ってしまい周囲の変化に気付きにくいためかもしれない，と納得できました。美央ちゃんは，冷静に状況を考えて工夫する力があると気付きました。健一君は，慎重で少し臆病なところがあるようでした。まなかちゃんは，他児の行動に影響されず自分の力でできる方法を考える力があることがわかりま

第4章　子どもと一緒に心と体を動かす仕事

した。

② 保育実践の配慮

好奇心が旺盛で活発な博之君には，保育中できるだけ丁寧に「ここは危ないからゆっくりね」など，危険なところに注意が向くように具体的に伝えるようにしていくことにしました。母親にも，段差の時のエピソードを伝えながら，危ないからとやらせないようにするのではなく，なるべく様子を見ながら，援助したりしぐさや言葉で伝えていくなど，園で心がけていることを具体的に伝えながら，園と家庭で同じような接し方ができるように心がけました。

反対に美央ちゃんとまなかちゃんは，よく周囲のことがわかっているようなので，危険ではない場合はなるべく「ダメ！」と止めてしまわずに，何をしようとしているのかを信頼して見守っていくように保育者間で確認をしました。

健一君は，日頃ちょっとしたことで泣くことが多かったのですが，今回のエピソードから慎重さや臆病さがあるからかもしれないと気付きました。そして，初めての体験やいつもと違った様子の時には「だいじょうぶよ」などの声をかけるようにし，不安につながらないように配慮していく中で，のびのびと自己発揮できるように心がけていくことにしました。

この Episode 3 のように乳幼児期は，大人にとっては日常の何気ないことの中に，初めて体験することが多くあるものです。そのような時に一人一人がどのように反応したり受けとめたりするのかを保育者が見逃さずによく見ていると，その子らしさが見えてきて，保育をする上でのヒントを得ることができるのです。自分の言葉で大人にうまく伝えることのできない乳児にとっては，自分を理解してもらうための最大のメッセージを表現している瞬間ともいえます。このことが自分のそばにいる大人に的確に受けとめてもらうことができるということは，まさしくその子どもの最善の利益を尊重する配慮とつながっていくわけですから，子どもと保育者の間には大きな信頼関係が成立することは間違いありません。

❸ みんな違うを認め，それを保障できる保育者に

Episode 3 で，段差を下りるという何気ない状況で保育者が気付

85

くことのできた"乳児一人一人がみんな違っている"ということは，生き物として当然のことなのです。決して同じ人間はいないのです。クローンは同じ環境の変化で絶滅してしまうので，進化の中で生き延びる戦略として，生物には遺伝子を混ぜ合わせる機能が備わっている。その生物に備わっている"多様性"がすばらしいと，生命科学者の後藤は『子どもが輝くとき』の中で述べています。[9]

　乳幼児一人一人の発達過程が異なることは，生き物としての素晴らしさであり当然のことなのです。眠くなる時間も眠りの質も，味覚の育ちも，食べ物の好みも興味をもつものも，首がすわる時期も寝返りができるようになったりひとりで歩けるようになるなどの運動発達もみんな違っていて当然なのです。そのような意味で，生まれて間もない乳児の輝くような生きるエネルギーを間近に感じながら生活を共にする保育という営みは，出会う子どもの数だけ喜びと感動の連続で，保育者自身が励まされたり生きる力をもらえているのではないかと思えるほどの幸せな営みです。反対に，これらの多様性を無視して個人差の大きい乳児期に画一的な接し方や一斉に同じことをさせようとする保育者は，生き物としての本来あるべき姿を無視した行為をしてしまうために，乳児自身も無理を強いられ，生きるための意欲と自信の芽を摘んでしまうのです。人間としてのスタートラインで，自分のままでいいんだよと保障されるか，大人の思い通りにならないとダメだと感じさせてしまうかは，その後のその子どもの人生に大きな影響を与えてしまいます。その上に保育者自身も，保育を進めていくことが大変になってきてつらくなりますから，保育の質の向上も望めません。

　子どもの権利の中で特に，自分の言葉で意見を表現できない「乳幼児の意見表明権」について，乳幼児の要求の表現に耳を傾け，まなざしを返し，それに応えるところまでをいうと堀尾は述べています。[10]保育所の規模等によっては，やむなく大勢の乳児が，同じ場所で生活を共にしなければならないこともあるかもしれません。そのような時でも保育者間で，乳児一人一人の発達過程を尊重した生活や発達の連続性に留意することを共通理解し，情緒的欲求，生理的欲求，快適さ，健康と安全が満たされるための保育の在り方を探り，連携していきましょう。その上で乳児一人一人の要求の表現の違いを把握し受けとめて応えていく具体的な工夫と配慮をしていかなければなりません。このことは，専門性が求められる保育者という職

[9]　同前掲7

[10]　堀尾輝久『子育て・教育の基本を考える──子どもの最善の利益を軸に』童心社，2007年

第4章 子どもと一緒に心と体を動かす仕事

写真4-2 その子らしい興味やこだわりを大切に

業の，誇りや喜び，そしてやりがいにつながっていくという意味においても大切なことなのです。

❹ 園全体で乳児保育の重要さを理解して丁寧に保障していく

　乳児にとっての人的環境はその育ちを左右する重要なことであるのは前記した通りです。与えられた環境の中で一人一人が安心して，その日の機嫌や体調を考慮された過ごし方ができることや，のびのびと自己発揮できることを，最大限の努力と工夫をして保障していくことが保育者に課せられている役割です。その内容が保育の質に関わってくるということは，ここで改めて特筆するまでもありません。満たされない不満や不安，不快感の泣き声が響く保育室は，子どもばかりでなく保育者自身の心のゆとりもなくなり，事故や混乱も招きやすくなると大宮は『保育の質を高める』の中で述べています。さらに大宮はガーランドとホワイト著『子どもたちと保育園・ロンドンの9つの保育園の運営と実践』の一節を引用しながら「保育者と子どもの，顔と顔を突き合わせての"ふれ合いの質"こそ，保育の質を左右する最も根本的な要素であることは，欧米の保育の質研究に共通する結論」と述べています。さらに，そのふれ合いの質は，「保育者と子どもの会話のなかにもっとも明白な形であらわれる」，そして，混乱やトラブルの多い保育所と少ない保育所では子どもと保育者との会話の基本的なスタイル（子どもの見方，子どもの行動理解の仕方）が異なっていて，前者は保育者と子どもの関係が"否定的な関係"にあり，後者，つまりトラブルの少ない園では

➡11　大宮勇雄『保育の質を高める――21世紀の保育観・保育条件・専門性』ひとなる書房，2006年，p. 171.

"肯定的な関係"にあって，それは保育者一人一人のことというよりも園ごとの特徴としてみられるために「保育所を構成している大人同士の人間関係の性質によって決まってくる」というのです。このことは，保育者ひとりの専門性さえあれば高い質の保育実践ができるということではなく，人的物的環境も含めて保育者間の連携や共通認識のありよう，つまり園全体で一体となって取り組むことが重要ということであり"組織としての保育力"が求められているということです。たとえば，「小学校へ行って困らないように……」とか「年長さんになった時にできるようにいまから……する」など，上からおろしてくる視点で保育を考えることに疑問を感じない保育者の多い園の乳児保育は，一人一人への思いよりも，一斉に行動できることを乳児期から身につけさせようとすることに，疑問をもたない保育になってしまうのです。また，０歳児担当の保育者だけが一人一人の思いを大切に対応しようと考えていても，異年齢を担当する保育者の理解と共感が得られないと保育はうまく展開していきません。乳児が自分の感覚を通して感じ考える日々を積み重ねていくことが，やがて他者への信頼感につながり主体的に考えて判断する力をもった魅力ある人間へと成長していきます。そのことを信頼し，見通しをもったつながりのある実践につなげていくことが大切です。昨日のことが今日へ，今日のことが明日へつながる，そうした実践の中で，やがて自分らしさを大切にし，他者との関わりを喜びと感じて受け入れていくやさしさをもった子どもに育つための保育こそが，保育所に課せられている保育所の特性とも言える役割です。乳幼児のいまをしっかり見つめて多様性を大切に受け入れながら，子どもを取り巻くすべての人を巻き込みながら豊かな経験の積み重ねを保障していくということです。"いますぐ目に見える育ち"ではなく未来を見据えながら"やがて育つことを信じる"保育を，組織としてしなやかな姿勢で保障していくことが，保育者や保育所に期待されているのです。

　次に，個人差への対応としての保育者の役割についてエピソードから考えてみましょう。

Episode 4　　友達が怖いなつみちゃん

生後９か月の時に入園してきたなつみちゃんですが，入園当初から１歳７か月になった年度末のいま

でも，他の子が自分のそばに来ただけでパニックのように泣き出して一緒に遊ぶことができません。散歩に出かける時も，他の子と一緒のバギーには泣いて乗りたがらず，「さあ，お散歩に……」と保育者が言葉にしただけで泣き出してしまうようなこともありました。他児と一緒の行動を嫌がり，みんなが庭にでて遊んでいる時は，室内に残って保育者相手に別人のようにのびのびと遊ぶのですが，みんなが戻ってくると途端に表情がこわばってしまうのです。時には泣いて保育者にしがみついてしまうので，保育者が身動きがとれなくなって困ってしまうこともたびたびありました。

　しかし，次第に穏やかな雰囲気のちさとちゃんとだけは平気で関わりをもつようになり，時にはひとつのおもちゃを取り合うこともみられるようになってきました。そして徐々に保育者がそばにいれば，他児がそばにきても平気な様子で遊び続けることができるようにもなってきました。しかし母親は，いつまでも保育所の生活になじめないなつみちゃんが次年度のクラスへ移行する時に困った子として否定的にみられてしまうのでは？　と心配していることが，連絡帳や朝夕のイライラした表情で感じられます。

① 保育者の視点

　なつみちゃんは核家族で近所に親しい人もおらず，入所前まではどちらかというとあまり社交的ではない無口な母親と2人で密室育児に近い状態で，刺激の少ない日々を過ごしてきました。そのためにこれまでの家庭での生活と保育所での生活との違いに不安を強めてしまっているようでした。大人に囲まれて，何でも予想通りにできる家庭での過ごし方と，同じ年齢の子どもたちに囲まれた保育所での生活は大きく異なるので，不安なのでしょう。子どもはみな子どもが好きなもの，という保育者の思い込みもあり，当初のなつみちゃんに十分配慮できなかったことで不安を強めてしまったのかもしれません。また，他児との関係がなかなか自然に受け入れられないのは，活発で大きな声をよく出すつよし君の動きに驚いているようなところがみられることと，なつみちゃん自身が神経質で臆病なところがあるからと思われます。保育者との信頼関係は徐々に成立してきていることや，穏やかなタイプのちさとちゃんとの関わり合いは受け入れられているので，あせらずに，少しずつ安心して自己発揮できる範囲を増やしていくことにしました。入所当時よりは，明らかに落ち着いて過ごせる時間が増えてきて，なつみちゃんなりの成長はみられます。なつみちゃんが家庭では経験できない保育所での生活の楽しさや意味を実感し，安心できるようにしていこうと思います。

写真4-3　保育所ならではの経験も大切

② 保育実践の配慮

〈環境及び関わりの配慮〉

　室内では，保育者ができるだけなつみちゃんのそばについて，活発な男の子が近づいたりした時に不安にならないように「おはようって来ただけよ」など，行為の意味を言葉にして説明するように配慮し，他児の存在を好意的に受け取ることができるようにしました。

　また，泣いて嫌がることは無理にさせないようにし，なつみちゃんが納得してやりたがることを尊重しました。好んで遊ぶおもちゃは，安心して遊べるように小さなコーナーを作って，他児に影響されずに安心して集中できる空間を作るなど，おもちゃの配置や生活空間の仕切りなどを工夫しました。一方，少しずつ受け入れ始めているちさとちゃんとの関係が深まるように，散歩の時にはちさとちゃんと一緒にバギーに乗せるようにすると，楽しそうに出かけられるようになりました。

〈保護者への配慮〉

　園での気になる様子は不安にならない程度に伝えながら，保育者が「困った子」とは見ていないことを伝えていきました。少しずつ仲間との生活が楽しめるようになってきているエピソードを具体的に連絡帳や朝夕の受け入れや帰りの時に伝え，成長の喜びを共有するようにしました。はじめは，他児と一緒に遊べないなつみちゃんを心配していたようでしたが，少しずつ他児との関わりが増えて登園時も泣くことが少なくなってきたことで，安心してきたようです。また，他児と比較してできないことを心配するのではなく，なつみちゃんなりの成長を喜べるようになってきました。

〈保育者間の連携〉

　保育者間では，園内事例検討会で話し合い，次年度の１歳児担当のもち上がりについての考慮すべきことやなつみちゃんの成長の見通しを確認し，丁寧に申し送っていくことで共通理解を心がけました。

❺ つながりと協働の基礎作り

　Episode 4 を通して確認しておきたいことは，人間の育ちはその日ごとあるいは各年齢ごとに完結するものではなく，日々の積み重ねの中，人と人とのつながりの中で心も体も育ち続けていくということです。ひとりの大人としては当然のこととして納得できることでも，保育者という立場になった時に，目に見える成長を求め，急ぐことのないように心にしっかりと留めておきたいところです。

　さらには，保育所と保護者との"相互理解と連携"の基礎作りが乳児保育の時代に形成されるということです。乳児期は子どもばかりでなく保護者も親になりたての気負いや不安，さらには，働きながらの子育てをゆとりのない日々の中で手探りで過ごしています。人との関係性が希薄になった現代社会において，自分の不安を自然に表現したり話すことができる人間関係を作りにくい現代の親にとっても，親になりたての乳児期はアタッチメントが最も必要な時期でもあるのです。この時期の不安や親としての思いに保育者が丁寧に耳を傾け心を寄せて受けとめ対応していくことが，やがて保護者が主体となって子育てする力を向上できる準備段階として重要なことです。保育者と"安心と信頼の関係"を築くことができると，保育所全体への信頼感につながり，子どもの育ちを真ん中において共に理解を深め，連携し協力をしていくことの土台がしっかりと構築されるのです。

　また，大人になるまでの間に幼い子どもと身近に接したことのないまま親になっている保護者の多くは，子どもの発育発達の本当にささいなことが心配の種になっていたり，周囲の人の何気ない言葉に傷ついたり不安になったりしやすいのです。そのような状態にある保護者に対して保育者は，他児と比較したり経験主義で話したり，「こうするとうまく食べる」など，その場しのぎの方法だけを伝えるのではなく，育ちの見通しをもちながら，保護者が我が子の育ちを楽しむことができるための科学的な根拠のある説明をしなければ

➡12　数井みゆき・遠藤利彦（編著）『アタッチメント——生涯にわたる絆』ミネルヴァ書房，2005年

| ならない説明責任もその専門性として求められているのです。

Book Guide 📖

- 倉橋惣三『倉橋惣三の「保育者論」』フレーベル館，1998年

  日本のフレーベル，幼児教育の父と呼ばれた倉橋惣三の著作の中から，保育者の在り方を綴ったエッセイを 1 冊にまとめたもの。保育者としての基本を確かめたい人にお勧めです。

- 内田伸子（編著）『まごころの保育──堀合文子のことばと実践に学ぶ』小学館，1998年

  倉橋惣三の教えを受け，50年以上も幼稚園で活躍してきた堀合文子が語る珠玉の保育（者）論。「保育の達人」と呼ばれる人の「技」の背後にある保育の心にふれることができるでしょう。

- アイヴァー・F. グッドソン，藤井泰・山田浩之（編訳）『教師のライフヒストリー──「実践」から「生活」の研究へ』晃洋書房，2001年

  教師自身の「語り」や「物語」に注目し，生きた教育実践を描き出そうとするライフヒストリー研究のひとつ。子どもとの関係性や，関わりの質を考えたい人にお勧めです。

- 原田彰『教師論の現在──文芸からみた子どもと教師』北大路書房，2003年

  文芸作品が描いてきた教師像に注目し，科学的なアプローチだけでは捉えきれない教師の世界を論じたユニークな本。身近な小説やマンガにも，意外なヒントが隠されています。

- 京都大学霊長類研究所（編著）『新しい霊長類学──人を深く知るための100問100答』講談社，2009年

  人間とは何か？　を考え直す視点から，人間の生まれながらにしてもっている特性を再確認し，人間として何を大切にしていくべきかに気付かされる内容です。

- 佐伯胖（編）『共感──育ち合う保育のなかで』ミネルヴァ書房，2007年

  保育者の基本的な姿勢は，子どもへの共感であり保護者への共感です。「共感」と「同感」の違い，保育者として専門性の高い根拠のあるまなざしをもつための参考になります。

- 子どもと保育総合研究所（編）『子どもを「人間としてみる」ということ──子どもとともにある保育の原点』ミネルヴァ書房，2013年

  子どもの最善の利益の保障は，子どもに尊厳をもって関わることです。様々な立場から，子どもを尊重する視点が学べます。

- 乾敏郎『脳科学からみる子どもの心の育ち──認知発達のルーツをさぐる』ミネルヴァ書房，2013年

  発達のメカニズムや人間の胎児から備わっている認知能力を知ることは，専門性を高める上で重要な知識になり，根拠をもって保護者への説明責任を果たすことができます。

第4章　子どもと一緒に心と体を動かす仕事

Exercise

1. 保育の場が舞台となっている絵本をひとつ取り上げ，描かれている保育者像を考えてみましょう。
2. 入園・進級を迎えた4月当初，泣いている姿が目立ちます。涙の理由，そして，ふさわしい対応を考えてみましょう。
3. 砂場遊びやごっこ遊びなど，子どもが好む遊びを思い出し，遊びの流れにそった関わり方をみんなで発表し合いましょう。場面による関わり方の違いも考えてみましょう。
4. 下の写真の2人の子どもは，何をしているところだと思いますか？

5. 上のような場面のそばにいた場合，あなたはどのような姿勢でどのような言葉をかけますか？また，他の人の対応と比較しながら，意見交換してみましょう。
6. このような体験は，どのようなことを学んでいるか考えてみましょう。

93

第 5 章
豊かな文化や自然との出会いをつなぐ仕事

森の中で絵本を読んでもらっている子どもの気持ちはどんな気持ちでしょうか?

森の中で心と体を使ってたくさん遊んだあとの絵本でしょう。その絵本の内容は，森の中で出会った不思議な出来事に通じるお話かもしれません。そうであれば，きっとそのイマジネーションの世界は大きく膨らんでいくでしょう。あるいは，その絵本が森の中で出会った自然物のお話かもしれません。そうであれば，科学的な好奇心がむくむくと立ち上がっていくでしょう。そして，読んでくれる先生の温かい声や雰囲気に包まれることで，とても心地よさを感じているでしょう。さあ，絵本の世界が始まります。

第5章　豊かな文化や自然との出会いをつなぐ仕事

絵本を通して豊かな生活を生み出す保育者

❶ 子ども時代の絵本の思い出

「あなたの好きな絵本は何ですか？」

こう聞かれると，多くの人は絵本のタイトルと共に懐かしいエピソードを添えて答えてくれるものです。小さい頃，自分が何度も手に取り広げて読んだものや，大人になって出会い，心を動かされた印象的な絵本をあげてくれます。また，いつまでも心に残る文章や表現，情景，またはイラストをうれしそうに説明してくれたりすることもあるのです。1冊ではなく次々とタイトルをあげる人もいます。

皆さんはいかがでしょう。子どもの頃大好きだった絵本を覚えていますか？

Work 1

　子ども時代に大好きだった絵本，あるいは最近になってからでもこの絵本が好きだなと思った絵本を3冊くらいもち寄り，グループで紹介し合ってみましょう。
① まず，絵本を探します。家にある絵本の中から，地域の図書館にある絵本，それからこの機会にお気に入りの絵本を購入してもよいかもしれません。
② 授業でもち寄ったら，3，4名程度のグループで絵本を紹介し合いましょう。なぜ，その絵本をもってきたかを説明します。子ども時代の思い出がある方は，それを話します。
③ 次にその絵本を1冊ずつ，順番に読み合ってみましょう。
④ グループの中で，印象に残るエピソードのあった絵本をクラス全体で紹介しましょう。

　いつ，どのような時，誰に絵本を読んでもらったか，どんなところが好きで，何が心に残っているかを覚えている限り話し合うことで，新しい絵本の世界が広がることでしょう。

97

Episode 1　お母さんも絵本が大好きだったことを思い出した

やなせたかし（作・絵）『やさしいライオン』フレーベル館，1982年

　0歳児クラスの時から絵本と触れ合う時間を多くもち，いつの間にか絵本が大好きになった子どもたちの事例です。その子どもたちが1歳児クラスになったある日，お迎えにきた母親から聞かせていただいた話を紹介します。

　それは，その母親の実家からたくさんの絵本が届いたという話です。孫が毎日のように絵本を楽しんでいると聞いた実家の祖父母から，母親が幼い頃に見ていた絵本と，新しく購入した絵本があわせて送られてきたとのことです。

　親子で箱を開け，1冊ずつ取り出した絵本を見ていたところ，『やさしいライオン』がありました。それを手に取った母親は，その表紙を見た瞬間，ふと手が止まったそうです。幼稚園の時の先生がこの絵本を読んでくれた情景が思い出されたとのことでした。それは，いつも読んでくれていた楽しい絵本ではなく，悲しい雰囲気の結末の絵本だったのです。その時の先生の声のトーンや，まわりにいる友達の様子，どのような場所だったか，その絵本を見た時の自分の気持ちなど，表紙を見た瞬間に記憶が想起されたそうです。

　何十年もの間，一度も頭の中に思い起こされる機会がなくとも，これだけ鮮明に身体の中に感覚として残っていたことに衝撃をうけたということでした。そして，自分の中で起きたこの不思議な体験を，絵本が好きなわが子の記憶としてたくさん残してあげたいと思うようになったと話してくれました。

　このお母さんのように，子どもの頃に読んでもらった絵本の思い出を宝物として心の奥にしまったまま忘れていたとしても，ふとしたきっかけで素敵な思い出として呼び起こされることもあります。小さい頃からたくさん絵本とふれ合うことのできた子どもは，そのような宝物（経験）をたくさんもって，豊かな感性を育んでいきます。その豊かな感性は子どもたちの人生において，たくさんの選択肢や可能性を見出す力の元となるのです。

❷ 3歳未満児の子どもと絵本

　私たちは，絵本と言うと，3歳以上の大きな子に読み聞かせるイメージがあります。しかし，3歳未満の子どもも絵本が大好きです。3歳未満の子どもたちと保育者はどのように絵本を楽しむことができるのでしょうか。

① 0歳児と絵本の触れ合い

Episode 2　絵本を楽しむ0歳児

平山和子（さく）『くだもの』福音館書店，1981年

　子どもたちは，人差し指を1本立てて，自分の指をさした方向に視線を向ける指さしができるようになると，絵本を身近な大人と楽しむことができるようになります。

　保育者は，子どもがまだ言葉を使えなくても，指さしを行って，「これはね，リンゴ」「皮をむいて，さあどうぞ」と，この絵本の内容を伝えます。「どうぞ」というところで，絵のリンゴをつまみ食べる真似をすると，「あーん」と口を開けて，もぐもぐと食べる真似をする子どもがいるので，「おいしいね」と言って，子どもと一緒に果物を食べる行為を楽しむのです。

　保育者が口を開けて食べるところを，どの子も興味津々に見ています。「もっと食べて！」と保育者の口につまんだ手をもってくる子，自分にも「食べさせて！」というように「あーん」と口を開けて待っている子もいます。

　この事例のように，0歳児も絵本をたくさん楽しみます。指さしや，食べる真似をすることは，絵本の中には描かれていないやり取りですが，子どもと絵本を楽しむ方法です。自分が食べたことのあるおいしい物を，子どもはしっかりと覚えているので，0歳児クラスから楽しめる絵本のひとつです。大人は絵本を広げた時に絵の果物を食べてみようとは思いません。子どもたちと見る絵本は，大人が見る世界の見方と異なることが多いです。大人は文字を読み内容を理解しようと頭で考えますが，子どもたちは全身の感覚を使って絵からの情報を読み取ろうとしているのです。

　子どもたちが言葉を話さないから，絵本はまだ必要ないと思っていないでしょうか。絵本を通してコミュニケーションを取ることで，子どもたちは言葉を声に出すことを覚えていきます。いまはまだ，言葉という形で伝えられないだけで，大人が思っているよりもずっと多くのことを理解していることに気付かされます。ぜひ，子どもの指さし，視線を観察してみてください。

| ② 1歳児クラスの絵本との触れ合い

Episode 3 　　　　伝えたいことがたくさんある1歳児

福田豊文・今泉忠明『ぞうはおおきい！』チャイルド本社，2014年

　0歳児クラスの担任の時から，子どもたちの「好き」という思いに目を向けて，「好き」なものが出ている絵本をたくさん集めて一緒に見てきました。そうして絵本が大好きになった子どもたち。クラスの中で「おっきーい」という言葉が聞こえてくるようになりました。そのせいか「おおきいゾウさん」が好きな子どもが増えました。

　童謡の「ぞうさん」も上手に口ずさんでいた5月のある日，『ぞうはおおきい！』という絵本を見つけ，子どもたちに紹介しました。その絵本には，ゾウの体が大きいことや足の裏の写真，鼻の秘密，1日に食べる食べ物の量，うんちの量まで写真で描かれていました。子どもたちはゾウについてとても詳しくなり，ますます「ゾウさん」が大好きになりました。

　そんなある日，園からの帰り道でAちゃんはゾウの置物を発見したそうです。「ゾウ」と指さしたまま動かなくなったので，「ゾウさんいたね」と母親が気付いたことを伝えても，繰り返し「ゾウ」と言い続け立ち止まっていたそうです。困った母親は，翌日その出来事を担任である私に教えてくれました。私は，「実は……いま，クラスでゾウの研究をしています」と『ぞうはおおきい！』という絵本を見せ，1歳児クラスでゾウブームになっていることを母親に伝えたのです。Aちゃんはまだ「ゾウ」としか言えなかったのですが，本当は「私はゾウのお鼻が長いことも，水を吸い上げてシャワーのように出せることも，たくさん食べて大きいうんちをすることも知ってるのよ！」と母親に伝えたかったのでしょう。そのことを母親に理解してもらった時のAちゃんはとても誇らしげな表情でした。

　動物園に行き，ゾウの前から動かなくなった子がたくさんいたそうです。おもちゃ屋のゾウのぬいぐるみをかかえて離さなくなった子，なぜかTシャツなど身につけるものの絵がゾウだらけになった子など，クラスの中でゾウの人気がどんどん拡大していきました。

〈ゾウが出てくる絵本〉
・なかのひろたか（さく・え）『ぞうくんのさんぽ』福音館書店，1977年
・なかのひろたか（さく・え）『ぞうくんのあめふりさんぽ』福音館書店，2006年
・なかのひろたか（さく・え）『ぞうくんのおおかぜさんぽ』福音館書店，2010年
・なかのひろたか（さく・え）『かめくんのさんぽ』福音館書店，2016年
・ふじわらこういち（しゃしん・ぶん）『たった　たった』新日本出版社，2015年
・すまいるママ（作・絵）『ゾウさんがびっくり！』教育画劇，2013年
・長新太（おはなし・え）『ぼくのくれよん』講談社，1993年
・山脇恭（作），末崎茂樹（絵）『おべんとうなあに？』偕成社，1992年
・むらたよしこ（作・絵）『ぼくはからっぽパンツくん』教育画劇，2008年

　『ぞうはおおきい！』を読んでから1日に何度も「ゾウ」と子どもたちにリクエストをされるようになりました。子どもたちから

「ゾウ」のことを知りたい，ゾウが好きと発信されていると受けとめ，子どもたちの好きな「ゾウ」が出てくる絵本を集めよむことにしました。〈ゾウが出てくる絵本〉は，私がゾウブームのために見つけてきた絵本です。

　言葉がまだ使えない小さな子どもでも，好きなことや興味のあるものに対して知りたい気持ちが芽生えています。子どもが指さしを始めたらその気持ちに応えてあげましょう。絵本には子どもたちの知りたい世界の情報がたくさん描かれています。

❸ 子どもたちの気持ちに共感できる絵本

　子どもたちの毎日が，楽しい出来事ばかりというわけではありません。うまくいかない日，自分の思いが伝わらず悔しい日もあります。言葉であらわせなくて，もどかしい思いをしながら，絵本の中で物語の世界（ファンタジー）に出会うことにより主人公の気持ちや感情の変化に気が付き，共感や，物事の対応方法を学び取り，日常生活を乗り越える材料としています。

Episode 4 　　絵本の登場人物に気持ちを重ねる 2 歳児

さのようこ（おはなし・え）『すーちゃんとねこ』こぐま社，1973年

〈あらすじ〉
　すーちゃんとねこちゃんがお散歩している時に見つけた風船ひとつ。ねこちゃんが先に取ったのに，すーちゃんが横取りして家にもって帰ってしまいます。窓の外から「ぼくのだよ！」というねこちゃんを，すーちゃんは知らんぷりします。
　すーちゃんが風船にキスをしたり，洋服を着せたりするたび，ねこちゃんはどんどん悲しい表情をして「ぼくのだよ！」と繰り返し言い続けます。
〈あらすじおわり〉

　すーちゃんの意地悪を子どもたちは真剣な表情で見ていました。そして，ねこちゃんはどうするのだろうと心配そうな様子でした。

〈あらすじ〉
　次の日ねこちゃんはたくさんの風船を見つけます。そしてそれらを一つ一つ空へ飛ばしていくのです。それを見ていたすーちゃんも昨日の風船を空へ飛ばして，最後に 2 人は何も手にもっていない状態になります。
〈あらすじおわり〉

この絵本を読んだ後，２歳半のＴちゃんは「この絵本好きなの」「もっと読んで」と言いました。そして「ママにも教えてあげるの」という言葉を聞いた時，この絵本はＴちゃんの気持ちに寄り添う絵本なのだと気付きました。このことを伝えると，Ｔちゃんの母親はすぐにこの絵本を取り寄せ，しばらくの間，毎日何度も読んであげたそうです。

　実は，Ｔちゃんにはお兄ちゃんがいます。大好きなお兄ちゃんではありますが，「これＴちゃんのだよ！」と横取りされたものを取り返そうとした経験があったのでしょう。ねこちゃんと同じ気持ちだと気が付き，この絵本を「好き」と言ったのだと推察できます。その子が「好き」というのは，その子なりの理由があることが必ずあるのです。

Episode 5　　4歳児の心に届いたモジャキの気持ち

平田明子（ぶん），高畠純（え）『モジャキのくすり』ほるぷ出版，2014年

〈あらすじ〉

　森に住むゴリラのモジャキ。彼の楽しみはこっそり「鼻くそ」を食べること！　ところがある晩，その姿をフクロウにみられてしまいます。

　「何をうまそうに食べておるのじゃ？」とフクロウに聞かれた時，とっさに嘘をついてしまいます。

　「頭の良くなるクスリだよ，でもみんなには内緒にしていてね」

　あっという間に森中の動物たちに広がってしまい，頭の良くなるクスリがほしいという動物たちがどんどんモジャキのところへやってきました。

　モジャキは嘘に嘘を重ねて，毎晩「鼻くそ」をためて丸めてクスリを作っていきます。

〈あらすじおわり〉

　モジャキが困れば困るほど，子どもたちは心配になっていきます。「嘘をつくからいけないんだよ」とわかっていても，嘘をついた経験のある子どもたちはモジャキと同じようにドキドキしながら話を聞いていました。

　物語の終わりに，モジャキがみんなに「ごめんなさい！」と言う姿を見て，森の動物たちの反応を気にしていました。森の動物たちが怒っていないのを見て，「みんな怒ってないね……」と胸をなで下ろしていました。

　この絵本に対して，「ゴリラが鼻くそを食べるおはなし！」と

第5章　豊かな文化や自然との出会いをつなぐ仕事

言っていた子どもたちが，その内容の奥深さに共感することが多く，その後「この絵本好きなんだ」と手に取り読み返す子どもが多くなりました。嘘をつきたくてつくのではなく，ついてしまった嘘を引っ込めたくても引っ込め方がわからない，そんなモジャキの気持ちが子どもの心に届いたようです。気に入って何度もくりかえし読んでいる絵本は，その子の心の声に近いのかもしれません。

❹ 保育所でのはじめての絵本

近年，赤ちゃんが誕生すると，その家庭に何冊かの良質な絵本が届けられる取り組みが全国に広がっています。それは，ブックスタートと呼ばれ，イギリスで生まれた活動です。赤ちゃんのうちから絵本を通して親子で親しむ経験は，親子関係や，子どものその後の発達によい影響を与えると言われています。

ここでは，ある保育園を通しての初めての絵本との出会いの取り組みを紹介します。

➡️ 大豆生田啓友『「対話」から生まれる乳幼児の学びの物語──子ども主体の保育の実践と環境』学研教育みらい，2016年

Episode 6 　手作り絵本がもたらした絵本への興味

子どもたちの姿から（5月）

0歳児はどのような絵本が好きなのか，一人一人ひざの上に抱き，指さしするその先にある絵本について丁寧に語りかけ，読み聞かせをスタートしたところ，興味を示した絵本は厚みのある紙で小さめサイズの絵本でした。

　かがくいひろし（さく）『だるまさん』シリーズ，ブロンズ新社，2008〜2009年

　まついのりこ（さく）『じゃあじゃあびりびり』偕成社，1983年

　北川チハル（作），三原由宇（写真），LaZoo（デザイン）『いないいないおかお』アリス館，2013年

写真絵本を作る（6月）

果物などの絵本はイラストよりも写真，リンゴは丸ごとのものよりいつも食べるように切ってある写真など，身近に感じられるものの方が子どもたちの反応がありました。

そこで子どもたちがどんなことに興味をもつか考えて，身近な写真を撮り，オリジナルの1冊の絵本を作ることにしました（写真5-1）。

見たことのあるものの写真絵本を楽しんでいたので，担任の写真，クラスの子どもの写真でさらに絵本を作りました。

『いろいろな顔』『いないいないばあ』の絵本を作る（8月）

「いないいないばあ」の「ばあ」と顔を出す絵本が好きだったので，担任の写真を使ってオリジナル

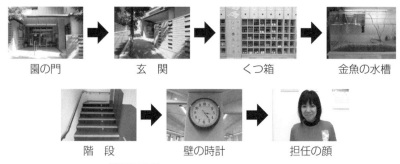

写真5-1 身近な物の手作り写真絵本

の『いないいないばあ』の絵本を作ると、子どもたちも真似をしはじめたので、子どもたちの顔写真で『いないいないばあ』の写真絵本を作りました。

絵本が大好きな子どもたち（10月）
　手作り絵本を交えつつ、0歳児クラス向けの絵本を毎日読み聞かせするようにしたところ、いつの間にか子どもたちは絵本が大好きになりました。「絵本読むよ！」と声をかけると、それぞれ遊んでいたおもちゃを片付けて集まってくるようになりました。
　子どもたちは1回に20〜30分絵本に集中します。「もう1回見たい！」と人差し指を立ててリクエストし、終わりにしないでと頭を横に振る子もいます。
　この時期にはまだ絵本は本棚に置いていませんでした。子どもたちに読む本は常時20冊程度カゴの中にいれて管理していました。
　この頃には絵本の読み聞かせを終わりにしようとすると、「もっと読んで」という様子で泣き出すようになりました。10冊以上読んでも満足しません。そこで好きなだけ読み続けるか試行錯誤の末、読んでいたカゴの中の絵本を子どもたちに手渡すことにしました。直前まで読んでいた絵本を渡すことで、自分でページをめくり広げることに集中し、それが合図のように自然に絵本の読み聞かせ時間の終わりにすることができるようになりました。
　絵本が大好きになってくると、薄い紙の本を渡しても破らないように大切に扱うように変わってきました。少し傷んできた本を見つけると、「あっ！」と指さし伝えてくるようになりました。「テープを貼ろうね」と補修して渡すと、満足そうに直ったページを見ながら読み始めます。

絵本を本棚に出す（12月）
　子どもたちが絵本を大事に扱ってくれるようになったので、いつでも取り出してみられるように、本棚に絵本を設置しました。本棚の絵本は定期的に入れ替えています。

　このように文字がわからなくても、0歳児は絵本を大好きになります。基本的には、絵本を正しく読み聞かせるというよりも、絵本を子どもと楽しむことが大切です。ここでは、オリジナルの写真絵本を作ることで、子どもが絵本を大好きになる事例を紹介しました。もちろん、0歳児といっても、そのほとんどは1歳の誕生日を迎え

第5章　豊かな文化や自然との出会いをつなぐ仕事

ている子です。

　小さな年齢の子どもとの絵本の親しみ方は，ただめくることが楽しかったり，もち歩いたりすることが楽しいなど，必ずしも順番通りに読み聞かせることだけではありません。大切なことは，目の前の子どもの親しみ方に合わせることです。皆さんもぜひ，やってみてください。

❺ 絵本の種類・選び方・読み方

① 絵本の種類

　子どもたちとどのようなことを楽しみたいか，目的により選ぶ絵本の種類は異なります。絵本を手に取るといろんな世界が見えてきます。子どもたちにわかりやすい分野で大きく9つのジャンルに分けてみました。幼児クラスになる頃にはファンタジーの絵本をたくさん用意してあげましょう。この時期にこの世界に数多く出会うことができた子どもはその後の人生の物の見え方が変わるのではないのでしょうか。

○フレーズ

　簡単に歌える，メロディーをくちずさみたい子どもたちのために集めた絵本。

- ・中川ひろたか（文），村上康成（絵）『あっぷっぷ』ひかりのくに，2003年
- ・いまきみち（さく）『あがりめさがりめ』福音館書店，1992年
- ・かがくいひろし（さく）『おしくら・まんじゅう』ブロンズ新社，2009年
- ・鈴木博子（構成・絵）『おにのパンツ』ひさかたチャイルド，2013年
- ・『みんなでうたおう　どうようえほん』①②③④，ひかりのくに，1997年

○くりかえし

　同じ展開が何度かくりかえされ，次はどうなるのか先が気になるお話。

- ・かがくいひろし（さく）『おふとんかけたら』ブロンズ新社，2009年
- ・tupera tupera（作）『しろくまのパンツ』ブロンズ新社，2012

105

年

- かがくいひろし（さく）『だるまさんが』ブロンズ新社，2007年

- 五味太郎（作・絵）『きいろいのはちょうちょ』偕成社，1983年

- なかのひろたか（さく・え），なかのまさたか（レタリング）『ぞうくんのさんぽ』福音館書店，1977年

- 岩田明子（ぶん・え）『ばけばけばけばけばけたくん』大日本図書，2009年

○ダジャレ

　日本語のおもしろさが感じられる，言葉遊びの絵本。

- あきやまただし（作・絵）『へんしんトンネル』金の星社，2002年

- 石津ちひろ（文），山村浩二（絵）『くだものだもの』福音館書店，2006年

- 中川ひろたか（文），高畠純（絵）『だじゃれすいぞくかん』絵本館，2001年

○心の成長に寄り添うもの

　等身大の自分が絵本の中に出てくるもの。

- スティーブ・アントニー（作・絵），平田明子（訳）『やだやだベティ』すずき出版，2016年

- マイク・リース（ぶん），デヴィッド・キャトロウ（え），ふしみみさを（やく）『ぼくの，ぼくの，ぼくのー！』ポプラ社，2008年

- さのようこ（おはなし・え）『すーちゃんとねこ』こぐま社，1973年

○物語

　この世界に似ているけれど，何か違う話の展開に進んでいく，ファンタジーの世界。

- 長谷川摂子（作），ふりやなな（画）『めっきらもっきらどおんどん』福音館書店，1990年

- 馬場のぼる（作）『11ぴきのねこ』こぐま社，1967年

- 佐々木マキ（作）『ぶたのたね』絵本館，1989年

- おくはらゆめ（作）『シルクハットぞくはよなかのいちじにやってくる』童心社，2012年

- きたあいり（作）『おみくじ』BL出版，2014年

○想像・空想

　「あんなことやこんなことができたらいいなぁ」と子どもの発想力を楽しみ未来を創造するもの。

　　・鈴木のりたけ（作・絵）『ぼくのトイレ』PHP 研究所，2011年

　　・鈴木のりたけ（作・絵）『おならをならしたい』小学館，2015年

○自然・科学

　身近な自然に気が付き発見や愛おしさを感じるもの。

　　・姉崎一馬（文・写真）『はっぱじゃないよぼくがいる』アリス館，2006年

○子どもと一緒に大人が笑えるもの

　子どもの頃に感じていた大人の理不尽さをわかりやすく楽しく伝えている。

　　・ヨシタケシンスケ（作）『ふまんがあります』PHP 研究所，2015年

　　・ヨシタケシンスケ（作）『りゆうがあります』PHP 研究所，2015年

○仕掛け絵本，謎解き絵本

　ひとりでじっくり手に取り見たくなるもの。

　　・ジーン・マルゾーロ，ウォルター・ウィック（作），糸井重里（訳）『ミッケ！──いつまでもあそべるかくれんぼ絵本』（小学館，1992年）

　　・アヌック・ポワロベールとルイ・リゴー（しかけ），ソフィー・ストラディ（ぶん），松田素子（やく）『ナマケモノのいる森で』アノニマ・スタジオ，2012年

　　・わたなべちなつ（さく）『きょうのおやつは』（福音館書店，2014年）

② 絵本を選ぶ

　素敵な絵本が続々と出版されています。子どもの生活には絵本の必要性が認識されていますが，その絵本はどう選んだらよいのでしょうか。絵本を開くと文字の量やストーリー構成などにより対象年齢が指定されていたり，絵本の案内の本には「○歳児向け」と紹介されていたりすることが多いようです。しかしそれはあくまで目安として捉え，これから保育する子どもたちの好きなものが絵本の中に出てくるかということが重要です。実習先やクラスの子どもた

ちにどんな絵本を選んだらよいか戸惑う学生には「好きなものリサーチ」を行うことを勧めています。

・クラスの絵本棚に並べるものは季節感を取り入れる

　四季折々の行事や虫探しに出かける子どもたちが手にする虫や植物も，絵本で見ているとより親しみを感じることでしょう。

・絵本棚には大人の意図は入れないようにする

　文字を覚えてほしいから「あいうえお」の絵本を並べたり，しつけをテーマにした道徳的内容を含む絵本を並べたりすることは控えましょう。手に取りたくなる絵本は，一度見て楽しかったと心に残るものです。保育者がおもしろかった，楽しかったと感じたものを並べましょう。「この絵本を広げた○ちゃんは，きっとこう言うだろうな」と子どもの姿を想像しながら並べられたらいいですね。

・素敵な絵本に出会う工夫をする

　図書館，本屋，ブックカフェなどに行き，子どもの好きなものリストに合う絵本を探してみましょう。

　子どもたちに昨日のお休みのすごし方を聞くことや，連絡帳の保護者の声にも耳をかたむけ，「電車乗った」「○○食べた」など子どもたちのお出かけの情報から興味が出てきそうなものをリサーチすることも，子どもの「好き」につながります。

　保育者同士のおしゃべりも絵本探しのヒントになります。「オススメの絵本ありませんか？」といろいろな人に聞いてみることで知らない絵本に出会える機会が生まれることでしょう。

③ 絵本を読む

　子どもたちを目の前にして絵本を読むことは緊張するでしょうか。はじめは，みんなそうです。子どもたちの見やすい場所に座り，息を吸って題名を読み始めればスタートです。聞き取りやすい声の大きさであれば心配ありません。子どもたちから絵が見えない，先生の声が聞こえないということがあると落ち着かなくなる場合があるため，始める前には子どもたちから絵本が見やすい場所かどうか確認してあげてください。

・子どもは話を聞きながら絵を見て内容を理解しています。絵から内容が読み取れるようにゆっくり落ち着いて読みましょう。

・途中に歌が出てきたら，それらしく歌ってあげましょう。

第5章　豊かな文化や自然との出会いをつなぐ仕事

・読んでいる最中の一人一人の質問には，手短に答える程度にして，内容が途切れてしまわないようにしましょう。

・登場人物の声を使い分けたり，感情表現を豊かにしたりすることは，無理のない程度で大丈夫です。

・表紙，裏表紙，表紙の内側もすべて絵本のうちです。最後までゆっくりと見せてあげましょう。

・終わってからはあれこれ感想などを聞き出さないように，子ども一人一人がお話を受けとめる時間にしましょう。

・１対１や１対２で読み聞かせる時は，ひざの上に座らせて，抱っこして読みましょう。保育者の声が子どもの頭頂部に響くような形で，ゆっくり優しく語っていくようにしましょう。いつも大勢の中で生活しているので，少人数はホッとできる心休まる時間となります。

　絵本はよいものという考えで保育に取り入れています。しかし，先生が絵本を読むからといって，子どもたち全員が遊びをやめて集まり見なくてはならないものではありません。時間調整の間つなぎに読むこともあるかと思いますが，本質的には，子ども一人一人が見たい時に絵本を見る，手に取りたい時に絵本が本箱にあるという，子ども自身が選択をできる状態が理想といえます。

❻ 絵本が子どもの暮らしにもたらすもの

　絵本は子どもの暮らしに何をもたらすでしょうか。以下の４点にまとめてみました。

① 見ている世界が広がる

Episode 7　楽しさを共有することの奥深さ

中辻悦子（さく）『まるまる』福音館書店，1998年

　この絵本の中に出てくる言葉は子どもたちがすぐに口に出せる言葉がたくさん入っています。この絵本を読みながら，クラスの子どもたちと「まる探し」をしています。

　「今日，まるまるこまるの人はいるかな？」と聞くと，「まるまるこまる」（水玉模様）の自分の服や友達の服を見渡し「いないねー」「あ！　○○ちゃんあったね」と探しています。

　そんなある日の散歩道で，「まるあった！」とマンホールの蓋が丸いことに気がつき，大発見！　という気持ちで子どもたちはうれしそうに歩いていました。すると道の角にも「あった！」とミラーがま

る。「あそこにもまるまるあったね」止まっている車のタイヤなども「あったね！」。

　一つ一つの発見をうれしそうに声に出し伝え合う姿。クラスの子どもみんなが『まるまる』を知っていて，大好きだからお散歩も楽しくなるのだと感じました。

　身のまわりの思いがけないところにも，目を向けてみれば，たくさんの身近なものがあることに気付き，いつも見ている風景もまた新しく，多様に見えてくる経験をすることができます。それは友達やまわりの人びとにおいても言えることです。

　楽しい発見をまわりにいる人と伝え合うことで，自分たちだけの共通認識が広がり，クラスの中での文化ができ始めていきます。年齢が小さくて言葉数が少なくても，お互いに「○○くんは△△が好き」というように，仲間の知っている情報が増えていくことにより，人間関係に深みが出てきて特別な存在へと変化していきます。

　特別な情報を共有する仲間がいることで，社会的関係性をはぐくむことができるようになり，人とのつながりをポジティブに捉える土台となるのです。

② 自然を見る目が豊かになる

　絵本には季節を感じさせる内容のものや，目の前になくても野山の中にいるような想像の世界に浸れるものがあります。大人から見るとただの小石や小さな虫，どこにでもある雑草や落ち葉かもしれませんが，子どもたちは「○○がいた！」とそれらの一つ一つを愛おしく感じられる世界をもち始めるようになってきます。愛おしさの発見を子ども時代に体験すると，肌への感触，発見した喜び，その時の匂い，風景などを感覚としてその後の人生に記憶としてもちつづけていきます。絵本の世界で出会ったものに対して，子どもたちは命を与え，愛おしく接するように変わります。「ものを大事に使いましょう」という言葉は必要なくなります。

③ 言葉を楽しむ

　絵から読み取ろうと子どもたちは絵の語っている内容を確かめながら言葉を聞いています。耳から入る言葉を自分のものにして，別の機会に自分の言葉として使うことができるようになっていきます。

第5章　豊かな文化や自然との出会いをつなぐ仕事

乳幼児期にたくさんの言葉を聴くことで，自分の気持ちを相手に伝える方法としての正しい日本語をいつのまにか学んでいるのです。

④ 想像力をもつ

絵本に触れることで，ひとつのストーリーの方向性だけではなく，「もしかしたら次はこうなるかもしれない」というような未来予測に似た想像力を身につけていきます。さらに飛躍して，現実ではあり得ないかもしれない空想の世界まで子どもたちの想像力は広がっていきます。遊びや生活などのすべてにおいて，子どもたちにとってはその想像力は無駄にはなりません。

2 子どもと豊かに生活するための保育者の個性

保育者は，子どもたちにとって最も重要な環境です。

子どもたちは，生活の中で様々なものと出会い，興味をもって立ち止まったり触れたりしながらいろいろなことを感じとっていきます。その時，そばにいる保育者がどのような在り方をしているか，その積み重ねによって，子どもたちの物事への関わり方や感じとる内容は大きく変わっていきます。

子どもと豊かに生活するために，保育者はどのような存在であればよいのかということについて，具体的な援助の基となっている保育者自身の「感性＝個性」に焦点を当てて，考えていきます。

❶ 保育の積み重ねの中で子どもの中に育つもの

保育は，子どもと保育者とで日々作り上げていくものです。エピソードを基に，子どもが感じ取ったことや保育者自身の思いや関わりについて考えていきます。エピソードは私自身が保育者として関わったものです。

Episode 8　落ち葉を拾ってきたＡ子（4歳児　11月）

　ある朝のこと。「せんせい！　みて，みて！」と言ってＡ子が保育室に駆け込んできた。Ａ子の手には，赤く色付いた葉があった。「わあ，きれいね。どうしたの？」と問い返すと「えっとね，道のところで拾ったんだよ。すごいのを見つけたでしょ」と，とてもうれしそうに話してくれた。

　保育者はＡ子から葉っぱを受け取りじっと見つめて「本当にとってもきれいね」と話した。Ａ子は「ほら，赤と黄色と半分ずつになっているよ」とさらに詳しく話し始めた。「あ，そうか！　すごいすごい！　これは珍しいね」と保育者が感心して話すとＡ子は，「ね！」と力強くうなずいていた。

　幼稚園の園庭の木々もきれいに色付き始めた頃のことだった。

　「お庭にもきれいな葉っぱがあるかもしれないわね」と話しかけると朝の支度を終えたＡ子は，「うん，見てくるよ」と弾むように駆け出していった。

　Ａ子の行動や気持ちを整理してみると，次のようになります。
・道で一枚の落ち葉を見つける（行動）。
・きれいだな，と思う（感性）。
・幼稚園にもっていこうと思う（意欲）。
・早く先生に見せたいと思う（意欲）。

　Ａ子はなぜ自分が見つけた葉っぱを先生に見せようと思ったのでしょうか。子どもは先生が好きだからそのような行動をとった，と考えることもできますが，それだけではないと思います。「先生は喜ぶはずだ」という予想がＡ子の中にあったからこそ「先生に見せよう」と思ったのではないかと考えます。

　Ａ子は，どうして「先生は喜ぶはずだ」と予想したのでしょうか？

　私は，そこに，保育者とＡ子との関わりの歴史，つまり保育の積み重ねが関係していると考えます。

　保育の積み重ねとは，園庭の落ち葉をみんなで拾った経験，落ち葉の微妙な色の移り変わりを「きれいだねえ」とじっと見た時間の記憶，子どもたちが見つけてきた落ち葉をニコニコ笑いながら見つめている保育者の顔など，日々の生活の中で積み重ねられたものです。

　1枚の落ち葉でも，子どもたちは一人一人違う発見をします。「この葉っぱ見て！　ハートの形してる！」と，たくさんある落ち葉の中から，1枚の葉を見つけ出し知らせてくれた子がいました。

第5章 豊かな文化や自然との出会いをつなぐ仕事

「すごいね！」と受けとめる保育者の声に刺激されたのか「こっちは裏と表と違う色なんだよ」と言って誇らしげに自分の見つけた葉っぱを見せてくれた子もいました。

「いいものを見つけたよ」「これは○○だよ」という喜びに満ちたそれぞれの発見を喜んで受けとめる保育者の関わりが，子どもたちの心をさらに弾むものにしていくと考えます。

「豊かな生活」とは，このようにして，子どもと保育者によって作り上げられていくものです。保育者自身の在り方や小さな関わりの積み重ねが基となっていると考えます。

❷「豊かな生活」を作り出す保育者の在り方

豊かな生活を作り出すことにつながる保育者の在り方として，大切だと思うことを次の4つにまとめました。

- ・子どもと同じものを見ようとする・聞こうとする
- ・時を逃さない・その時その場所に身を置く
- ・夢中になる・不思議なことが大好き！
- ・そのことを話題にする・情報を集める

それぞれの視点にそって，エピソードをあげながら具体的に考えていきます。

① 子どもと同じものを見ようとする・聞こうとする

子どもは，園生活の中で様々なものに出会い遊びます。保育者の在り方として，第一に「子どもと同じものを見ようとする・聞こうとする」姿勢をあげたいと考えます。そのようにして子どもと共に過ごしていると，いろいろなおもしろいことに出会うようになります。

Episode 9 🧢 　　アリのおうちを作ってるんだ！（3歳児　5月）

K夫は，朝から砂場にどっかりと腰を据えて遊んでいた。

しばらくして，保育者が遊びの様子を見ようとK夫のそばに行き，しゃがんでじっと見ていると，顔をあげて「あのね，アリのおうちを作ってるんだよ」とつぶやいた（写真5-2）。

保育者が「アリさんのおうちなんだね」と言うと，「うん，そうなの。ここが寝るところでね」とうれしそうに話し出した。そうして話していると，バケツに渡してある小枝を本当にアリが歩いているのを見つけた。

「あ！　あ！」と驚いて見つめるK夫と保育者。

113

K夫も保育者もじっと黙ってアリの歩みに注目する。小枝を渡り終えたアリは，しばらく砂の上にいたが，また姿が見えなくなった。K夫と保育者は顔を見合わせて「アリさん来たねえ！」「お家なんだもんね」と言葉を交わした。

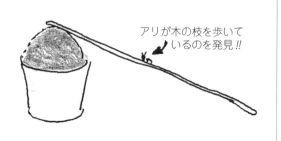

写真5-2　アリのお家を作っているK夫

　K夫は，どうしてアリさんの家を作ろうと思ったのでしょうか？もしかしたら，たまたま砂の上を歩くアリを見て，それがきっかけで家を作り始めたのかもしれません。

　どちらにしても，アリはひとつの場所にじっとしていることはないので，K夫が自分の作ったものを「アリさんのおうちだよ」と説明した時には，アリはそこにはいませんでした。K夫も，アリがいない，ということを気にする様子は全くなく，自分が作ったもののことをうれしそうに説明していたのです。

　ところが，K夫が説明を始めたその時に，タイミングよくアリがやってきて小枝を登り始めたのです。アリが小枝を登っていることに気付いた時のK夫の驚きは，とても大きなものでした。保育者は，K夫の思いに寄り添いながらその場所にいたので，K夫と同じように息をのみ，アリの動きに集中して見入りました。

　そして，アリが小枝を登りきり砂山の上を歩きまわり，どこかへと去っていくのを見送った後の，「アリさん来たねえ！」というつぶやきは，2人の気持ちがぴったり合った一言だったように思います。

　目の前にあらわれたアリに心奪われてじっと見つめているK夫の心を感じ取り，保育者は，K夫と一緒にアリをじっと見つめていました。その時，保育者の心の中には，図5-1のような思いが静かにしかし活発に動いていたのです。

第5章　豊かな文化や自然との出会いをつなぐ仕事

図5-1　K夫の気持ち・保育者の気持ち

　子どもと共に過ごし，子どもが感じていることを感じようとする関わりを積み重ねる中で，次第に見えてくることがあるように思います。ゆっくり見ていかなくてはわからないことがたくさんあるのが子どもの遊びだと考えます。

〈保育者の関わりのポイント〉

　子どもが何かに夢中になっている時や，不思議なものを見つけた時に……

　・子どもと横並びになり，同じ姿勢でじっと見つめる。
　・沈黙は金，あわててつまらないことを言わない。
　・そのもののおもしろさを，保育者自身も感じ取り心の中で発見したり，思わずつぶやいたりする。
　・息をつめたりフーとため息をついたり，言葉にならない言葉，共感を大切にする。

② 時を逃さない・その時その場所に身を置く

　私たちの身のまわりには，様々な不思議があります。自然の変化や四季の移り変わりは，その最たるものです。風が強く吹く日に，木が大きく揺れている様子を見て「木がおいでおいでって言ってるよ」とつぶやいた子どもがいました。

　子どもたちは，敏感な心で環境の変化を感じ取っています。このような子どもたちの心に比べると，大人の心はずいぶん鈍くなっているのではないでしょうか。

　子どもたちのそばにいる保育者は，子どもたちの柔らかな心に学び，敏感に感じ取る力を養っていきたいものです。そのためには，日々の生活の中でできるだけ「不思議」や「驚き」の中に身を置くことが大切だと考えます。

　私にとって忘れられない落ち葉のエピソードを紹介します。

Episode 10　落ち葉の舞い散る日には外に出る（4歳児　11月）

写真5-3　イチョウが色づく秋にはいつも

11月下旬のある日，近くの公園に散歩に行った時のことだった。公園にはイチョウの樹が何本もあった。その中の数本が，「サーッ」という音が聞こえそうなくらいの勢いできれいに色付いた葉を落としていた。

それは，鮮やかな美しさに満ちた光景だった。

口をあけて思わず見入った私たち，どれくらいの時間が経っただろうか。

ふっと我に返った誰かが「ワーッ」と歓声をあげ，手を広げて走り出し，それを合図にしたかのように，舞い落ちる落ち葉をキャッチしようとみんなが走り出し私ももちろん夢中で走っていった。

舞い落ちる落ち葉と子どもたちと私。柔らかな明るい歓声に満ち，晩秋の光の中で輝いている空間。それは，私の心にある大切なシーン。それからは，イチョウが色づく季節には，舞い落ちるイチョウの木の下に必ず駆け付けることにしている（写真5-3）。

　　Episode 10は，私にとって保育者としての大きな転機につながった事例です。圧倒的な美しさで舞い落ちるイチョウの葉を，子どもたちと共に見あげ，そして駆け回りながら思ったのです。

　この美しさの中に子どもたちと共に身を置くこと，「いま」という時を逃さないでいることが，豊かな心をはぐくむ上で何よりも大切なことなのではないか……と。

　「不思議さ」や「驚き」を体験することは，子どもと共に生活しているとよく起こります。その時に保育者もフットワーク軽く駆け付けること，そして，「子どもと同じものを見ようとする・聞こうとする」という関わりをしていくことが大切だと考えます。

〈保育者の関わりのポイント〉

　時を逃さないという姿勢を身につけ行動するために……

　・「あとで」と言わない，まず駆け付ける。

　・五感を働かせ，好奇心旺盛に過ごす。

　・道を歩く，空を見あげる，遠くを見る，すると思いがけないものが目にとびこんでくるはず。

第5章　豊かな文化や自然との出会いをつなぐ仕事

③ 夢中になる・不思議なことが大好き！

　保育者自身も，常に好奇心旺盛に過ごしていると，身近に起こる様々なおもしろいことや不思議なことによく出会うようになります。それは，決して偶然なのではなく必然なのではないかと私は考えています。好奇心旺盛で，おもしろいことは見逃さないぞ！　という姿勢が，不思議なこととの出会いの機会を多くしているのだと思うのです。

　子どもたちがおもしろがっていることを，同じようにおもしろがる。時には子どもたち以上に保育者がのめりこんでいく。そのような保育者の存在は，子どもたちに大きな影響力を発揮するように思います。

　それは，子どもたちに何かを教えようという姿勢ではなく，横並びになって一緒に「そのもの」に向かい合っている姿勢です。

Episode 11　あの場所を見ないではいられない（5歳児　10月）

　園の近くに雑木林があった。その雑木林の中に切り株が転がっている場所がある。朽ち木にはクワガタがいるはず。子どもたちと散歩に出かけた時，あの場所を絶対見に行こうと思っていた。

　雑木林に到着し，ドングリを拾ったり走りまわったりなど，それぞれが遊び出したのを確かめた後，一目散に切り株のところに行ってみた。すると，そこにはもう先にS夫たちが到着していた。どうやら，私と同じことを考えていたようだ。

　S夫たちと私は，「こういうところにクワガタがいるんだよね」「いるかなあ」と話しながら，切り

写真5-4　「何かがいそうな気配が……」

株を裏返していく。何もいない。「いないねえ」と言いながらも，次第に期待が高まってくる。何本かを裏返した後に，その決定的瞬間が訪れた（写真5-4）。

　裏返した切り株にしがみつくようにして大きなクワガタがいた！

　息をのむ瞬間。見つけた！　という喜びが，S夫たちと私の間にみなぎっていた。

　　不思議なことに出会ったり，珍しい生き物を見つけたりすることは，大人の心もワクワクとさせるものです。保育者自身も，心躍らせながら過ごしていると，まさに，類は友を呼ぶという言葉の通り，同じように興味津々の子どもと様々な場面で出会うようになります。

117

そうして，ひとりより2人，2人より3人と，夢中になる人の輪が広がっていくにつれて，興味の渦のようなものが生まれ，共に刺激し合い育ち合う集団になっていくように思います。子どもと一緒に夢中になる保育者の存在が，生き生きとした集団や園作りのきっかけになっているのだと思います。

〈保育者の関わりのポイント〉

・私は，○○は苦手！　と決め付けない。「おもしろい」と口に出して言っているうちに，だんだんおもしろくなってくるもの。
・興味を継続させていくこと。自分の引き出しをたくさん作っておいて，いろいろな興味を持続させていくようにしよう。
・ねばならないという固い思いから出発するのではなく，おもしろそうだな，という柔らかな気持ちから出発しよう。

④ そのことを話題にする・情報を集める

　幼児期の教育は，小学校教育のように教科別の教育ではなく総合的な教育です。ですから，保育者は多様な分野を専門とすることになります。いくら好奇心旺盛な保育者でも，すべてを自分ひとりで行おうとすると無理が生じます。豊かな保育を展開するためには，保育者がどのくらい豊かなネットワークをもっているかがポイントになると考えます。

　珍しい生き物を見つけた時，不思議な現象に出会った時，インターネットで検索して調べると，すぐに情報が得られますが，それ以上に，聞いてみることのできる誰か（専門家）とつながっていることは，とても有効なことだと考えます。ワクワクする謎を追いかけたエピソードを紹介します。

Episode 12　アケビコノハとの出会い（5歳児　10月）

　近くの公園に散歩に行った時のこと。子どもたちが「先生，不思議なものがいる！」と叫んだ。急いで行ってみると，木の根本のところに次頁の図のようなものがいた。

　何だろうと思いながらじっと見ていると，急にパタパタと羽ばたいて舞い上がった。茶色の羽に鮮やかなオレンジの紋がはいっているチョウのように見えた。

　「何だろう？」「葉っぱみたいだから，コノハチョウかな」「そうだよ，きっと」と，子どもたちは口々に言った。

　幼稚園に戻り図鑑で調べてみると，コノハチョウは関東地方ではほとんどみられないということがわかった。コノハチョウでないと

第5章 豊かな文化や自然との出会いをつなぐ仕事

したら何だろう……？ 私たちの中に大きな謎が残った。

　学級通信に，不思議なチョウを見つけたことを載せると，保護者からも様々な情報が寄せられた。さらに，生き物のことに詳しい友人にこの話をすると，図鑑を開いて調べてくれた。

　そして，ようやく謎のチョウの正体がわかった。羽にオレンジの紋があったことがポイントとなり明らかになった名前はアケビコノハだった。

　さっそく子どもたちにも知らせ，みんなで図鑑を開き「そうだね。こんな感じだったね」と確かめ合った。

　しばらくして，また同じ公園に散歩に行くと，「あ，アケビコノハだ」と子どもたちから声があがった。ちょうどアケビコノハが多くみられる時期に当たっていたのだろうか。コノハのように見える羽を動かして舞い上がる姿を何人もが見ることができたのだった。

　謎の生き物の出現に，子どもたちも保育者も，そして保護者も夢中になり，最後には専門家にも相談して謎が明らかになっていきました。

　保育者は，答えを求めていろいろな人に聞いていきました。最終的にはアケビコノハだった，ということがわかったわけですが，謎が解明されていく過程が，とても大切だったと考えます。

　学級通信を通して保護者にも知らせたことで，いろいろと調べてくれたり，「正体がわかったら教えてくださいね」と熱心な声が寄せられたりしました。

　何日も謎のままだっただけに，「アケビコノハという名前の生き物」ということがわかった時の喜びは大きいものでした。様々な人にたずねたり，語り合ったりという時間の中で，拡がりが生まれてくるのを実感したのでした。子どもたちと保育者を中心とした生活の中に，様々な人との出会いが生まれる時，子どもたちの生活はさらに豊かになっていくのだということを実感したエピソードでした。

〈保育者の関わりのポイント〉

・謎を謎のままにしておかない。

・情報を集める。インターネットはとても便利。

・人から得られる情報は何より素晴らしい。保護者の中に，同僚の中に，専門家がいる。話してみること，そこから始まる。

❸「豊かな生活」を子どもたちと共に
──主体的・対話的で深い学び

　4つの視点から，豊かな生活を作り出す保育者の在り方について考えてきました。

　『子どもと同じものを見ようとする・聞こうとする』という関わりは，子どもと共感することを第一の目的としています。と同時に，保育者自身が，子どもたちの感性に学びながら，私たちの身近にある様々なものとしっかり出会うことを目的としています。

　さらに『時を逃さない・その時その場所に身を置く』という関わりは，ワクワクした出会いへの第一歩です。保育者が，フットワーク軽く「これは！」と思うことを見逃さない，という姿勢をもった時，それは，大きな影響力を子どもたちに及ぼすと思います。

　そのような関わりを重ねる中で『夢中になる・不思議なことが大好き！』という雰囲気が，学級の中に生まれてきます。

　途中でも書きましたが，おもしろいことが大好きな学級では，次々におもしろいことが起こります。それは「偶然」ではなく「必然」なのだと，私は思っています。

　Episode 12であげたアケビコノハとの出会いには，実は後日談がありました。まだ謎の生き物がアケビコノハだとわかっていなかった頃のことです。休日も謎のことが頭から離れず，あれは何だったのだろう……と思いながら私は道を歩いていました。その時，ふと目に入ったものがありました。葉っぱのようで葉っぱではない。茶色のところにオレンジの斑点がついている，まさに，謎の生き物の羽が落ちていたのです。道にはたくさんの落ち葉が落ちていました。私は，たくさんの落ち葉の中からその羽を拾い上げながら，どうしてこの羽に気付くことができたのだろうという驚きに包まれていました。

　そして思ったのです。私が，謎の生き物の羽のことを，ずっと考えていたからこうして出会ったのではないかと。それは「偶然」のように見えて，やはり「必然」なのだろうと思いました。

　こうして謎は謎を呼び，『そのことを話題にする・情報を集める』という積極的な保育者の関わりによって，保護者や専門家などとの豊かな出会いが生まれ，子どもたちと保育者で作りあげる生活は，

第5章 豊かな文化や自然との出会いをつなぐ仕事

豊かさから豊かさへ、と拡がっていくのだと考えます。この一連の流れが、「主体的・対話的で深い学び」なのだと思います。

子どもと豊かに生活するために、保育者はどのような存在であればよいのかということについて、保育者自身の「感性＝個性」に焦点をあてて考えてきました。豊かさから豊かさへと拡がっていく子どもたちの生活を支えているのが保育者の「感性＝個性」です。拡がりを支える個性です。保育者の個性は、柔軟で好奇心に満ち、活力あふれるものであってほしいと思います。

Book Guide

- 黒柳徹子『窓ぎわのトットちゃん』講談社、1981年
  トットちゃんの世界は毎日楽しいことばかり。他の子とは違うトットちゃんの個性が、まわりの大人たちに受けとめられ育まれていくことの幸福を感じてください。
- 倉橋惣三（言葉）、小西貴士（写真）、大豆生田啓友（選）『小さな太陽——倉橋惣三を旅する』フレーベル館、2017年
  倉橋惣三の言葉と写真で、子どもを「小さな太陽」であると見たて、清らかな子どもの育ちを奏でています。いつの時代でも変わらない子どもの「育ち」について気付かされる内容です。
- ジャン・アンリ・ファーブル、奥本大三郎（訳）『完訳ファーブル昆虫記（第1-10巻）』集英社、2005-2017年
  小さな生き物のおもしろさをゆっくり味わう時間、大切にしてください。
- レイチェル・カーソン、上遠恵子（訳）『センス・オブ・ワンダー』新潮社、1996年
  神秘さや不思議さに目を見はる感性について学びを深めることができる本です。
- 中山周平『野や庭の昆虫』小学館、2001年
  食草と昆虫がセットで紹介されていて、役に立ちます。

Exercise

1. 絵本をもち寄り、グループで絵本の読み合いをしてみましょう。
   ① 読み手役と聞き手役をグループの中で決めましょう。順番にどちらの役も行うようにしましょう。
   ② 読み手役はどのように読めば聞き手役側に絵本の情景を伝えられるか、楽しさが伝わるか

考えて読みましょう。

相手に伝えたい素敵な部分，おもしろいところの表現の仕方を工夫しましょう。
③ 聞き手役は感じた楽しさを読み手に伝えましょう。
④ グループの全員がどちらの役も終了したら，自分で絵本を手にして読むことと，読んでもらうことの違いをグループで話し合い，クラス全体で共有しましょう。

2. 次の写真の子どもたちが感じ取っていることを考えて，吹き出しの中に書いてみよう。

3. 次の写真の子どもはそれぞれ何をしているのか考えてみよう（答は次ページ下）。

4. 色に着目して，モノ集めをしてみよう。

「白」「黒」「黄」「緑」「青」など，どの色でもいいけれど，この色，と決めたら，できるだけ多様なものをたくさん集めます。

机の上に並べてみましょう。微妙な違いを感じながら，あなたの中の「色」のイメージがひろがるのを実感してください。

「感じる力」をひろげるワークです。

〈Exercise 3.の解答〉
写真（左）：「これちょっと黄色いでしょ」たくさん集めたサクランボの実を分類
写真（右）：「こうするとチョウが飛ぶよ」網を揺らすとシジミチョウが舞うことに気付く

第 6 章

保護者や家庭と一緒に歩む仕事

保育者は,保護者たちに何を話しているのでしょうか?

バスなどを利用しない場合，お迎えに来た保護者に，今日の子どものことを伝えます。「いま，こんな遊びが盛り上がっています」ということや，「○○ちゃんは遊びの中でこんな工夫をして作品を作った」といったことなど。この写真からわかるように，自分のことを説明されて，ノリノリの子どももいます。その姿に笑う保護者の姿も見えます。こうした場を通して，保護者は，子どもが日々成長している姿を実感したり，保育者との信頼関係を形成していくのです。

1 なぜ保護者支援が必要なのか

　保育の仕事は、子どもの保育だけでなく、子育て支援あるいは保護者支援が求められています。なぜ、保育者にそれが求められるのでしょうか。

❶ 子育ての変化

　私が保育者になった頃、「親の役割」というのは「衣食住を整えること」と言った人がありました。あれから30年経ったいま、「親の役割」を問われたら何と答えるでしょうか。自身も親であり、子育て真っ最中であるので自信をもって大きな声では言えませんが、「衣食住を整えること」とは少し違ったものを求められているように思います。衣食住を整えるとは何でしょう。「衣」は、その子どもの身の丈に合い、洗濯された清潔な衣服を揃えること。「食」は、子どもに1日3食、温かで栄養のバランスがとれた食事を用意すること。「住」は、帰る家があり、子どもの心身が安心できる住まいを整えることかと思います。

　しかし、いまの時代、それも決して簡単ではないのです。現代の保育所では、次のEpisode 1のような相談を受けることがあります。

Episode 1　朝食って何を食べさせたらいいの？

　担任した0歳児の子どもの離乳が3回食に移行する際、朝食を始めるように保護者に話すと、その母親から「朝食ってどんなものを用意したらよいのでしょうか？　自分は朝、コーヒーしか飲まないのです」と相談されたことがありました。

　現代は小さな子どもと接したり、小さな子どもと生活することがない大人が親になる時代です。学生の皆さんはいかがでしょうか。日常的に子どもと関わる生活があるでしょうか。あるいは、赤ちゃんの面倒をひとりで見ることができるでしょうか。きっと、皆さん

の世代も子どもと関わる機会や，赤ちゃんの面倒をよく見たという方は決して多くないと思います。

サザエさんのような様々な世代が共に暮らす大家族は激減しているのです。サザエさん時代は，タラちゃんの面倒を母親のサザエさんだけが見るのではなく，多くの人で見ていたのです。いまは，核家族が一般化しているため，母親ひとりで子育てに奮闘している家庭も少なくありません。ワンオペ育児などとも言われています。そのため，育児の負担感も大きくなっているのです。また，共働き家庭の増加，シングル家庭の増加などもあり，保育所の役割が大きくなっています。子育て家庭の在り方はかつてとは大きく異なり，支援を必要としているのです。

❷ ネット時代の子育て

また，自分が育ったように育てるより，育児書やネットの情報を参考にする時代ともなっています。

私が産院で出産をした際に沐浴やおむつを替える指導がありましたが，「保育士さんなら不要ね」と言われて大変焦ったことを覚えています。確かに子どもたちに囲まれた仕事をしていますが，それでも新生児を育てる経験は初めてでしたので，経験のない子育ては保育とは違い，本当に不安がいっぱいでした。私自身，親として子育てをしてくる中で，子育てというのはつくづく大人の思う通りにならないものだと思いながらきました。保育は共に育て，考える仲間（同僚）がいますが，子育ては自分ひとりで考えることが多いことも実感してやってきました。

育児書やネットの情報は調べれば，即座に答えが示されますが，そこに応答性はなく，またその情報は一般論なので果たして自分の子どものことと同じなのかと不安にさせられることが多々あります。ネットの情報の信ぴょう性については注意が必要です。

➡1 沐浴
新生児は細菌などへの抵抗力が弱いため，感染を防ぐために大人用の浴槽ではなく，ベビーバスなどを使いお風呂に入ります。

Episode 2 　ネットの信ぴょう性

4歳児のKくんはとても個性的な子どもでした。大人びたことを言う割には年齢より行動に幼さを感じるところがありましたが，Kくんの母親がとても気にしていたことは偏食と小さい頃からなかなか寝ないということでした。入園して集団生活を始めると他の子の様子とKくんを比較して母親はより様々

なことを気にするようになりました。園で時間をとって話をうかがうと，「息子のKはADHDだと思います。ネットで検索して，ADHD診断というのがあったのでしてみたらほぼ息子のことだと思いました。そこからADHDのことを調べに調べました。この子は障害があるのです！」とまくしたてるように話し始めました。そしてADHDだからペアレントトレーニングをしなくてはいけないとか，病院をあちこち検索し相当数の療育機関の口コミを読んだけれどもなかなかいいところがない……などと自分で調べた情報を並べたてました。

➡2　ペアレントトレーニングとは，保護者が子どもとのよりよい関わり方を学びながら，日常の困りごとを解消し，楽しく子育てができるよう支援する保護者向けプログラムをいいます。

　インターネットでは単語を一語打って検索すれば相当数の情報を見ることができます。Kくんの母親のように発達障害を心配してチェックリストで自己診断をしたくなる気持ちはよくわかります。私自身もこんなことがありました。体のどこかが痛む日が続いてなかなかその痛みがとれないと，「○○が痛い」とか「△△のような痛み」などと検索し，そこから出てきた情報から自分のこの痛みはとても悪い病気ではないかと思って，気が気ではなくなり受診するも，病院で調べてみたらたいしたことはなかったということ，そうしたことは皆さんにもないでしょうか？

　このようにインターネットの情報というのはよいこと，悪いことが実に平坦に書かれていて，調べる本人はその中の自分に当てはまる部分を拾い読みし安心することもあれば，逆に不安を煽られることもあるのです。つまりKくんに関しても，Kくんの様子の一部分が検索でヒットしてそこだけがクローズアップされ，「Kくん＝ADHDの子ども」となってひとり歩きしてしまっているのです。インターネットは迷う時の判断材料にはなりますが，それを鵜呑みにし不要な心配をするような使い方は避けなければなりません。

　思い通りにならず不安にさせられることの多い子育てと記しましたが，それでも子どもは私たちに幸せを与えてくれる存在です。保育者の仕事は他の職業よりもたくさん笑顔にさせられることの多い職業ではないでしょうか。この幸せを保護者と分かち合うことも保育者ができる子育て支援でしょう。本章ではそのためにどのような方法があるのかを共に学んでいきたいと思います。

2 子育てのパートナーとしての保育者

　入園前まで家庭で保育されていた子どもたちが集団の中に入って
くると，小さければ小さいほど状況を理解することが難しいので園
生活に慣れるまでに時間を要することでしょう。また逆に大きい子
どもの場合には初めての環境に泣いたり，怒ったり，ボイコットし
たりなど必死の抵抗を示すかもしれません。考えてみれば，初対面
の人からしきりに声をかけられ，食事を一緒にすることになれば誰
でも緊張することと思います。ましてや一緒に寝るなど考えられな
いでしょう。入園したばかりの子どもたちはそうした不安の中に置
かれているのです。生活を共にするためには安心できる関係を築く
必要があります。

　子どもは泣いたり，ご飯を食べなかったりなど目に見える形で不
安を訴えることが多いので，保育者側もそれに必死に応えようとし
ます。しかし実は，保護者も子どもと同じように不安をいっぱい抱
えながら子どもを預けにきているのです。大切な自分の子どもをよ
く知らない人に預けるのはとても勇気のいることです。そのことを
心に留めつつ，一人一人丁寧に見ていく保育をし，信頼関係を築い
ていきましょう。その保護者とコミュニケーションをとる方法を考
えていきたいと思います。

❶ 登降園時のコミュニケーション

　私が年長組を受けもち卒園式が済んだ折，２人の母親から対照的
な手紙をもらいました。１通はいつもお迎えの時にいろいろ話して
もらってうれしかったというもの。もう１通は話すことが苦手なの
で子どものことが手に取るようにわかる文章で連絡ノートを書いて
もらってうれしかったというものでした。保育の仕事をしていると
事務や雑務を行う時間をゆっくりとることはとても難しいことです。
しかしこの対照的な意見両方が母親の本当の声であり，母親は自分
の子どものこと，もっとはっきり言えば自分の子どもがどうなのか
を知りたがっていることを強く感じました。またそれに応えたいと

第6章　保護者や家庭と一緒に歩む仕事

思いました。

　保護者個人とのやり取りには，主に口頭での連絡と連絡ノートを使う場合が多いかと思います。以下，事例をあげて考えてみたいと思います。

Episode 3　ささやかな１コマ

　１歳になったばかりで０歳児クラスに入園してきたＹちゃんは登園時から泣き始め，抱っこから降りることができず，４月で他の子どもも落ち着かなかったこともあり，ほとんど保育者におぶわれて過ごしていました。抱っこしてもおんぶしてもなかなか気分が変わらず，食事もミルクも拒否。母親が迎えにくる時も顔が涙で濡れていました。お迎え時には今日も食事にほとんど手を付けなかったことが毎日報告され，聞く母親はいつも浮かない表情でした。担任も一生懸命に関わりましたが，１歳になったばかりということもあり，食べないこと，飲まないことは重要なので一番に伝えたのかと思います。初めての子どもで初めての保育園だった母親は毎日心配で，この子は大丈夫なのか，預けたのが早かったのではないかとすら悩んでいました。

　しかしある日のこと，今日も食べなかった……とうなだれた気持ちで園を出ようとしたところ，他クラスの保育者から「Ｙちゃん今日ね，おんぶされながら滑り台をしている子どもたちをニコニコして見ていたんです。おんぶされたところから手を伸ばして木の葉を触ろうともしていましたよ」と日中の様子を伝えてもらいました。本当にささやかな１コマを説明してもらっただけなのですが，母親の気持ちはさーっと晴れていったのです。それから少しずつＹちゃんは慣れていきました。

▶3　体の小さな子どもは大人と違って，一食で摂る栄養や水分などはとても重要です。大人はたとえ一食や二食取らなくても体に備わったもので補うことができますが，乳児にはそれがありません。特に水分が取れない（ミルクが飲めない）などはすなわち脱水に直結し，命にも関わることになりますから，園生活に慣れるまで丁寧に進めていく必要があります。

　子どもを集団生活に託す親は，子どもがよりよい環境で園に慣れていってくれることを願っています。保育中の様子を丁寧に伝えたとしても，初めから終わりまで保護者が見ているわけではありませんから，断片的な部分で１日を想像することでしょう。子どもの泣き顔を見れば切なくなるし，不安にもなります。朝泣いていて，迎えに行った時も頬に涙が残っていれば，１日中泣いていたのかもしれないと思うかもしれません。親はまだ一心同体のような思いの中にいると言っても過言ではないでしょう。

　事例のように乳児が食べない，飲まないといったことは十分に配慮すべき事項ですが，ここで大切なのは保育者としてどう工夫して関わり，どんな見通しをもっているかを伝えることです。そして何より母親が知りたいのは自分の子どもがずっと不安だったのかどうかなのです。ここではＹちゃんのささやかな１コマを保育者が伝えることで母親の気持ちが晴れていっています。母親は自分の子どもが園の中で，笑顔でいる瞬間があることを知り，大きな安心を得た

129

写真6-1 おかあさんと共に入園初日を過ごす0歳児

のです。子どものことを伝える時にはその子の心の動きがわかるように伝えること，そのことによって「先生がうちの子どもを見てくれる」ということがわかり安心するのです。

❷ 相手を知るためには自分のことも知ってもらう

　保育者は，クラスで受けもった子どものことについて保育をしていく上で，その子どもがどんな子どもなのかを知ろうと努力すると思います。保護者と面談をしたり，家庭訪問などでゆっくり保護者から子どものことを聞かせてもらうこともあるでしょう。相手の情報を知ることはとても大切なことですが，同時に相手に自分を知ってもらうことにも努力していくことが大切です。

　関わる時には，私はあなたのことを知りたい，抱っこもしたいし，一緒にご飯も食べて，一緒に遊びたいと思っているということを伝え，私はこんな人なのよと知らせていくことが必要です。お互いのことがよくわかることで信頼関係が生まれていくものです。このことは子どもとの関係だけでなく，保護者との関係を構築する上でも必要です。お互いを知らないということが1番の不安ですから，子どものことを話すだけでなく，あいさつを心がけ，短い世間話でもできるようになれば，より早く身近な存在になれるのではないでしょうか。

❸ 連絡ノートを書く上で大切にしたいこと

　連絡ノートの事例を2例紹介します。

第6章　保護者や家庭と一緒に歩む仕事

Episode 4　　がぶーっ（しちゃったの）　Nちゃん（2歳0か月）

【家庭より】

　噛みつきはその後どうでしょうか？　家では（園で）怒られたことを思い出しているように「がぶーっ（しちゃった）」と手の甲をつねって見せます。その時に「お友達にがぶしちゃいけないのよね」と言うと「うーん」とうなずいています。

【園より】

　噛みつきはここ数日ありませんが，言葉で応戦できるまでは，そうした状況におかれたらパッと口が出てしまうと思っていますので，未然に防ぐよう心がけています。確かに友達を噛んだり，噛まれたりするのには敏感で「（が）ぶ？」「（しちゃっ）たの？」などと聞いてきます。多分，自分の場合と他の子の場合の比較（自分に置き換えて考えるの）は難しいので，わかっていてもやってしまうのだと思います（下線筆者）。

　　　　　　　　この事例は噛みつきに関して心配している母親からの質問に対し，短い文章の中でNちゃんの発達段階や園での対応について（下線）が伝えられています。

Episode 5　　自己嫌悪の日々　Sくん（1歳11か月）

【家庭より】

　家の中ではあれもこれも「ママ（がやって）！」「パパ（がやって）！」とやってもらいたがります。赤ちゃん（年子の弟）へのやきもちかな？　わざと叱られるようなことをするのも……。叱らないようにしようと思うのですが，そうもいかなくて，自己嫌悪の日々です。

【園より】

　お気持ちわかります。自己嫌悪と捉えるよりも気付いて立ち止まり，気付いて立ち返りしていくことで修正していこうと思えれば，何も気付かないでいるよりずっとずっといいと思います。やきもちも多分あるでしょうね。たとえ必要があって叱ることが多くても，後でギューッと抱っこする時があれば，Sくんも受けとめてくれるように思います。

【家庭より】

　先生の文章を読んでいて「そうだよね，大丈夫」と思え，不思議と楽になりました。ありがとうございます。わかっているはずのことでも自分のことになると，いつも一杯一杯になってしまうものなのですね。

　　　　　　　　Sくんの母親は保育士で育児休業中です。保育の現場に立っている時は子どもの成長に見通しが立っていたのに，子育てでは見通しが立たないと，時折悩まれています。保育者から冷静かつ客観的に見て何ら問題を感じない子どもでも，子育てを一身に背負う母親に

131

は「何で？　どうして？」と思うことがたくさんあります。保育者である私という人間が，母親の気持ちを理解することで Episode 5 にもあるようにホッとしてくれると心底よかったと思います。

　ここで，連絡ノートを書く上で大切にしたいポイントをまとめてみます。

① 共感・受容

　保護者の思いを受けとめ，共感的に理解していくこと。育児の苦労や悩みを受けとめるようにします。

② 即応答・会話

　保護者の投げかけにはできるだけ素早く応答するようにします。たとえ正解が出なくても何かしらの受け答えをし，保護者の聞きたいという気持ちに応えられるようにします。

　もちろん，返事を焦らずに慎重に返す必要がある場合もあるので，即応答が適切ではないこともあります。

③ 成長発達の過程を伝える

　具体的にかつありのままを書くようにし，そのことを良い悪いという見方で書かないようにします。たとえば Episode 4 の噛みつきの例であれば，1歳児なら噛みつきともわがままともとれる行動，ともすると心配になる行動でも，成長発達の過程であるならば成長の証であることを伝えます。

④ 記録

　保護者にとって子どもの成長記録となり，保育者にとっては保育記録としての意味をもつものとなる場合があります。子どものその子らしい出来事や言葉にならない思いをキャッチできた時には，保護者に「伝えたい」という思いで書きます。

⑤ 専門的な情報を伝える

　専門職としての保育者が保護者に対して，子どもの発達やその援助の在り方についての専門的知識や情報などを伝えていくこともあります。

第6章　保護者や家庭と一緒に歩む仕事

⑥ 私的な思い

園での経験や保育情報，先輩のアドバイスなどの他に，保育者の人柄や個性にも関わりますが，子育て当事者や経験者である場合は自分の経験や情報をプラスして書くこともあるでしょう。

このように連絡ノートによる丁寧なやり取りの中で上記したことを心がけていくことにより，「保育者—保護者」との個別の関係性が成立していき，そうした個別の関係性に基づくツールを通して，家庭と園とが相互の情報発信を行う中で，パートナーシップが形成され，共通理解を深めていくことになると考えられます。

❹ ドキュメンテーションの用い方

ICT化の導入も始まり，保護者への発信ツールで写真などを容易に用いることができるようになりました。保護者も表情がよく伝わる写真などで1日の保育を伝えてもらえばわかりやすく，喜ばれることでしょう。ではどのようなことに留意して作成していったらよいでしょうか。

私は息子と森で過ごすプログラムに何度か参加をしたことがあります。そこで写真家の篠木眞氏と保育者の篠木里恵さんご夫妻に出会いました。篠木里恵さんの実践する保育のお話を聞きに行った時にご主人の写真のスライドが流されたのですが，とても驚いた経験をしました。

写真は白黒で保育の日常を撮ったものであったのですが，その映像を見ていると，まるでそこにセリフが浮かび上がってくるような気がしたのです。それだけではなく，その場の温度や匂いまでも感じるような写真だったのです。もちろんスクリーンに文字が出ている訳ではないのですが，そこに写っている子どもたちの発している言葉や思いが吹き出しとなって見えたのです。撮影する篠木氏のキャッチした瞬間がそうさせたのではないかと思いますが，このことはドキュメンテーション作成において重要なポイントになるかと思います（図6-1）。

岡は，子どもを見る視点として「虫の眼」「鳥の眼」という表現を使いました。子どもの育とうとする心の声を捉えようとすることを「虫の眼」と呼び，それに対して「鳥の眼」とは，対象化し，可

➡4　岡健「子どもをみる視点」『キリスト教保育』2013年6月号，一般社団法人キリスト教保育連盟，2013年，pp. 6–13.

133

4月19日 <"倒れて・運ばれて・治療されて・また倒れて"ごっこ(笑)>

ジャングルジムでピーターパンごっこしていました。『チクタクワニに気をつけろ!』と船(ジャングルジム)で航海していると、急に『うぅっ…(バタッ)』と倒れるじゅんやくん。ここから、続々倒れます。笑

仮面ライダー、プリキュア、ピーターパン、新ゴジラ…と役は色々です。
倒れて、運ばれるのが楽しいようで、『私も…うぅっ』と嬉しそうに倒れます。皆、倒れたフリが上手で迫真の演技です。笑

↑ただ今治療中…。ジャングルジムから繋がっている縄からは回復する電気が流れています。

『うぅっ…』と苦しんでいると…赤と緑の双眼鏡で身体の状況を確認します。赤で見えると危ない証拠、緑で見えると大丈夫な証拠!

←たんぽぽさんも真似っこして倒れてます。

PS：北村はヘトヘトです。。
何人運んだかなぁ…(笑)

図6-1　ドキュメンテーション・4歳児のごっこ遊び

視化し，客観化して子どもを捉えることと説明しています。援助論としての保育においては，この両方の「眼」が求められます。ただ，まずは保育者の専門性の起点となるものは「虫の眼」を鍛えていくことにあろうとも言っています。

　ドキュメンテーションを作成する際に，子どものいわば心の声を吹き出し化して考えてみると，そのことにより中身が透けて見えてくるのです。写真は表情を見ることはできますが，発している言葉や前後の経緯，心の動きなどは伝えにくいものです。保護者に向けて子ども一人一人の心の声の吹き出し化をすることは，自分たちのしている保育を保護者に発信することにつながります。

　写真に吹き出しを付けてみると意外に難しいことがわかります。なんでも「楽しい」とか「すごい」「興味津々」などの言葉でまとめてしまうことはないでしょうか。岡は「虫の眼」「鳥の眼」を深

➡5　同前掲4，p.6.

第6章　保護者や家庭と一緒に歩む仕事

めるためのひとつの方法として，日常的に子どもの活動を写真に撮り，そして撮りためたくさんの写真の中から一枚を選び，そこに「吹き出し」（＝子どもの育とうとする心の声）をふり，それを語るワークに取り組むと記しています。こうした吹き出しを付けることができたドキュメンテーションであれば，親の見えない日中のその子らしい姿を伝えられると思います。

　登降園時のコミュニケーションは口頭でのやり取り，連絡ノート，ドキュメンテーションなど，様々な方法がありますが，いずれにしてもそこに生きたやり取りがあるか，子どもの心の声を伝えることができているかが重要なポイントとなるでしょう。

3 多様な社会の中で私たちができる支援

　保育の仕事はここ20年で，急速に在園の子どもの生活と遊びを守るだけではなくなっていきました。また様々な家庭環境の子どもを預かり，園全体で家庭を支援していくようなケースも増えています。同時に，園単独でこうした支援を必要とするケースに取り組むことがなくなり，様々な公的機関などと連携して子どもの育ちを守る関わりができるようにもなっています。いまやどのクラスにも担任1人で対応していくことが難しい家庭や子どもがいる時代となりつつありますので，ここでは園全体で取り組む支援や連携などを中心に考えていきたいと思います。

❶ 貧困家庭の支援

➡6　厚生労働省「平成28年国民生活基礎調査の概況」2017年，p. 15.

　我が国の貧困家庭で育つ子どもの数は7人に1人の時代となりました[6]。これから，ますますこの問題が大きくなっていくでしょう。どのような支援が必要でしょうか。

Episode 6　園で子どもの生活を守る

　Jちゃんは0歳児クラスに入園した当初から皮膚の状態が悪く，アレルギーもあり丁寧なケアが必要と感じる子どもでした。髪の毛はいつもぼさぼさで着替えを入れているカゴが空になることもたびたび，

また入浴していない日も多く，友達から「臭い」と言われることもありました。園で入浴させ，衣服を洗濯することは入園の早い段階から始めています。

　母子家庭でしたが，家庭は複雑で男性の姿もありました。母親は当初，就労を理由に入園してきましたが，仕事が続かず，最終的には精神疾患で通院をすることで通園を継続してきました。

　母親は生活能力が低く，たとえばアレルギーのあるＪちゃんの食事を配慮し，皮膚疾患のために清潔を守ることが難しくＪちゃんの皮膚の状態は悪化する一方でした。また日々の食事も事欠くのか，園での食事をガツガツ食べるなど，食べ方が驚くほどで常に空腹だったのではないかと思われました。

　園でできる援助は続けましたが，最終的には病院，児童相談所，子ども家庭支援センター，福祉事務所，健康福祉センターと連携して様々なサポートをしていくことになりました。

➡️7　ネグレクト
養育すべき者が食事や衣服等の世話を怠り，放置することをいいます。育児放棄。

　こうしたネグレクトも疑われるタイプの家庭に対しては，毎日保育所に通ってくることを第一にします。保育所という場所で子どもと母親の様子を観察し，必要なケアを行い，母親の状況から必要な公的機関につなげる役割をします。この事例の場合，特に子どものケアを中心にし，母親の対応は園長や主任が担当。外部機関との連携も主任が中心になって行い園全体で関わっていきました。

　こんなこともありました。クリスマスの朝，子どもたちが口々にサンタさんからプレゼントをもらったと話していた時，Ｊちゃんは「うちには来ないってママが言ってた」と言ったのです。園で急いでぬいぐるみにリボンを付けて包装し，お迎えに来た母親に子どもたちはクリスマスにサンタさんからプレゼントをもらうことを楽しみにしていること，Ｊちゃんも友達とそのような話をして期待していたことを話し，帰宅したら「サンタさんからきていたよ」と渡してもらいました。とにかく園の職員みんなでＪちゃんを大切に育てること，家庭でたとえ困ったとしても園の先生たちが助け，力になってくれることをわかってほしいとしてきた事例です。

❷ 虐待の恐れがある家庭

　我が国の家庭では，虐待件数も増えています。目の前の子どもが家庭で虐待を受けている場合もあるのです。保育者には何が求められるのでしょうか。

第6章　保護者や家庭と一緒に歩む仕事

Episode 7 　　　絶対にしてはいけないこと

　他園から転園してきたHくんはチック症状があり，言葉の発達が遅れているように見受けられました。また昼食をガツガツとかき込むように食べるなど気になる点が多々ありました。

　母親は入園当初，子どものことをとても心配している様子でした。というのは転園してきた理由が父親との離婚で，それまで専業主婦だったものの，子どもが0歳児含め3人おり働かねばならない状況だったからです。親子で園生活に慣れてくると，次第にイライラして子どもを怒鳴り付ける様子がみられ，同時にHくんのけがが多くみられるようになりました。担任が声をかけると終わりがないほど，家庭の不満を話し続け，担任がまいってしまうこともたびたびでした。

　ある日，頭に傷があること，また別の日には太ももに痣があり叩かれたと本人が担任に話したことから，副園長が窓口になり，子ども家庭支援センターに連絡。その後，センター，児童相談所，後には就学先の小学校を含めた話し合いを何度も行い，それぞれの場所でできる支援を考えていくようにしました。

　ただしその間にも罰として食事を与えない，悪いことをしたから叩くという行為がたびたびみられ，そのつど担任と副園長が話をじっくり聞き，聞いた上で「大変だったけれども，食事を与えないことと手をあげることだけはやってはいけない」と言い続けていきました。

　この家庭はすでに母親ひとりで担える範囲を超えた子育てと家庭生活の状況で，一刻も早い公的な支援が必要でした。子どもが叱られると保育園に行かせてもらえないこともたびたびあり，電話をかけたり，役所に連絡したりを積極的に行いました。

　何よりも母親を否定するのではなく，一緒に考える姿勢を貫き関わっていった事例です。担任がひとりで抱えるにもかなりエネルギーを使う家庭であったので複数の職員で連携をし，役割を分担していきました。卒園後もできるだけ園に関われるように支援は継続しています。

　まずは，保育者は子どもと共にある中で，虐待の疑いに気付くことが必要です。そこで，園内で話し合いを行い，支援に結び付けることが求められるのです。

❸ 外国籍の子どもの家庭

　外国籍の子どもが増えています。グローバル化の流れの中で，多様な文化的背景のある子どもとその保護者の支援が必要です。

Episode 8 　母親が日本語に不自由

　Aちゃんの母親は外国人で母子家庭です。Aちゃんは生まれた時から日本で育っていたので日本語に不自由は見受けられませんでしたが，家庭では母親の母国語で生活をしていたこともあり，やや言葉の獲得がゆっくりではありました。母親は日本語の読み書きが苦手でまだ会話の方が伝わりやすいと思われました。園からの配布物にはルビをふり，Aちゃんに関わる行事には赤で囲みをして，手渡しする際に説明をするように心がけました。

　年長組の秋，就学時健診に行ったAちゃんについて，就学先の校長先生から，Aちゃんについて詳しく教えてほしいと電話があり，出向いて行きました。健診時に言葉の理解が不十分という判定があり，母親と面接するも要領を得ない様子だったので連絡をしたということでした。Aちゃんの知的面について，また母親がどういう人なのかを聞かれました。恐らくAちゃんは緊張しやすく，苦手意識も強いので健診当日は十分に答えることができなかったと思われること，母親もコミュニケーションをとるのが得意ではないので一方的に話をしただけでは理解ができないことと，話したことをひらがなで書いて渡すなどの配慮が必要と思われることを伝えました。

　その後，再度園の職員と母親が一緒に就学先に向かい，校長先生と時間を取って話をする機会が設けられました。園が学校と母親の間に入って内容を噛み砕いて伝える役割をし，それぞれにもっていた大きな不安が解消していきました。その後，楽しく学校生活を送っていると報告を受けた事例です。

❹ 発達や行動が気になる子ども

　発達や行動の気になる子どもとその保護者への関わり方は，多くの保育者の悩みとなっています。保育者には，どのような見方や支援が必要なのでしょうか。

Episode 9 　本当は不安だった

　4歳児で他園から転園してきたKちゃんは入園面接時に顔色が冴えず，姿勢保持が難しい上，体力のなさそうな印象がある子どもでした。園生活において知的な面では特に問題ないものの，体力のなさは目立ち，近くの公園でも帰りは歩くことができない，昼にはテラスや保育室に倒れこんで動けなくなるといったことがたびたびみられました。また友達とのトラブルが多く，思いこむと自分以外の意見を聞くことが難しく，一方的に相手を責める様子がありました。体力がないけれどアンテナはよく張っているので，物珍しいことや楽しそうなことには積極的に取り組んでいました。

　保護者には担任から体力面の心配を伝えるようにしていきましたが，どうも保護者自身はあまり気にしていない風で「そうですか？　家では特に問題ありません」と言われて終わってしまうことが常でし

た。秋頃に園外に出る機会が増えると，ますます活動に参加することが体力的に難しい様子がみられました。その話を保護者に伝えると，翌日から家庭において本で読んだ情報のもとバランスボールを使用するなど，独自の療育に取り組まれるようになりました。生活リズム（遅寝早起き）が整わない中でのこうした朝の特訓はより疲労感を増させることとなったのです。朝から特訓があるので園にくるとすでに疲れているようなこともありました。もちろん，そうした時はより友達とのトラブルが増えます。いよいよ5歳児に進級するという時，担任に園長も加わって園での話をすることにしました。

担任は体力面のことやコミュニケーションの心配をわかってほしいという思いでいっぱいでしたが，最初に園長から「Kちゃんは大変賢いお子さんでいろいろなことをよく知っているのですよ。特に言葉に長けていて難しい言い回しをしたり，ニュースで見た出来事をお父さんから教えてもらったと正確に話してくれたりするんです」と話すと，それまで固い表情できていた両親の顔が緩み，その後いろいろな話をしてくれました。母親自身が子どもの頃，体力がなかったのでよく似ていると思っていること，もしかして発達障害かもしれないという不安があるけれども，支援センターや療育センターというところの敷居をまたいだらKちゃんに一生障害のレッテルが貼られてしまうのではないかと不安なことなどを一気に話されました。わかっていないのではなく，不安だけれども認めたくないという思いがあったことがわかり，その後，園と家庭でできること，就学に向けての配慮などを考えて最後の1年を過ごしました。

　昨今は発達障害などの知識が浸透し，私たち保育者も療育の必要性を学ぶ機会が多くあります。様々な観点からその子どもをよく知り，その子どもにあった援助をしていくために，保護者と子どもの状況を共有したいと願いますが，保護者には様々な受けとめ方があり，多くが私たち保育者と同じように療育の必要性を感じているわけではありません。何よりも「普通と違う」と言われることの衝撃は大きく，この先どうなっていくのかと見えない将来を必要以上に心配してしまうのだと思います。

　まずは，その子が何に困っているかを理解する目をもつこと，そして，保護者の思いに添うことが必要になります。保護者との信頼関係を築きながら，子どもと保護者にどのような支援が必要なのかを探っていくことが求められます。場合によっては，関係機関とのつなぎ役にもなるのです。

❺ 連携をしていくために

　多様な支援の事例をいくつかあげましたが，すべてに共通して言えるのは，こうした支援は保育者ひとりが抱えるべきことではないことです。園全体で，または園長，主任と共に役割をもって支援し

ていくことが必要です。

　特に，虐待の疑いがある場合は日々関わる担任が子どもの心身への影響などを確認し，必要に応じて記録を取るようにします。また不審に思うことがあった場合は直ちに園長，主任に伝え，適した公的機関へとつなげていく必要があります。虐待は命に関わるケースや子どもに深い心の傷を負わせるケースもあるので迅速な対応が必要です。保護者との関わりは他の職員と分担しながら対応しましょう。関係機関への連絡も園長もしくは主任が窓口になることが望ましく，園全体に公にすることが難しい場合もあるので慎重に事を進めていく必要があります。

　関係機関としては，市区町村の子ども家庭支援センター，保健所，福祉事務所，療育センターや発達支援センター，児童相談所または地域の小学校，病院などがあげられます。

　何よりも子どもを介して出会った園が保護者のSOSを汲み取れる機関になることが大切です。そして一緒に考えていく姿勢をもち保護者と共に歩める園であることを願いたいと思います。

4　地域における園の役割

❶ 地域における子育て支援

　これまで在園の保護者に対する支援を中心に考えてきました。幼稚園教育要領，保育所保育指針，幼保連携型認定こども園教育・保育要領には園を利用している保護者に対する子育て支援と共に地域の保護者等に対する子育て支援も明記されています。

　保育者は子どもの育つ過程をまのあたりにし，必要な援助をする専門性をもっています。現代は自分が育ったように子育てをすることが難しい時代で，育児書やネットで子育てを調べながらする家庭が多くあります。しかしながら，応答性のないこうした方法は時に余計に不安を煽ったり，迷ったりしてしまいがちです。このような時代において幼稚園，保育所，認定こども園は生きた情報と応答性のある情報を伝えることができる子育て支援のセンター的な役割を

第6章　保護者や家庭と一緒に歩む仕事

担うのです。

Episode 10 　おしゃべりの会

　園見学の日に10組ほどの親子が園にやってきました。小さな赤ちゃんを連れた方が多く，会は賑やかに進んでいきました。その中でひとり非常に表情の固い母親がいました。ほとんどの母親たちが抱っこしている赤ちゃんをホルダーから下ろして膝に抱える中，その母親は一度として下ろすことなくそこにいました。会自体は1時間ほどで終了しました。次々見学者が園を出ていく中でその表情の固かった母親はこの時を待っていたのか，緊張した面持ちで園見学を対応した副園長である私に話しかけてきました。

　母親に抱かれていた子は会の間すやすやと眠っていました。「ずっと静かにねんねしていてくれたのね。ありがとう」と声をかけ，赤ちゃんの顔を覗き込みました。とても綺麗な顔をした男の子でまつ毛がクルンと長く，「とても可愛いお顔ですね」と言うと，母親は「ダウン症なんです。もうどうしたらいいのかわからなくて。育てていけるのか，仕事に復帰できるのか」と堰を切ったように話し始めました。お顔を拝見した時点でダウン症のお子さんであることはすぐにわかりました。見学会の間中抱っこから下ろさず，固い表情だった意味もすぐにわかりました。その後，椅子に腰かけてゆっくり話を聞きました。母親は障害のある子どもを産むとは思ってもいなかったこと，いろいろな本を読み，もしかしたら合併症があるかもしれないこと，実家は遠く助けてくれる人がいないこと，そして何より育休をとっている職場に復帰できるのか，子どものことも誰にも話せないでいるといったことを話し続けました。

　母親が話す間，その子を抱っこさせてもらって話を聞きました。透き通るような肌をしていて，目がとてもきれいで，話の合間に「お母さんが美人だからFちゃんもイケメンなのね」と話しかけると，じっとこちらを見るので「私のお話を聞いているのね。そうFちゃんのママとお話をしているのよ」そんな風に声をかけました。母親がひとしきり話し終えてから，今度は母親に向かって話をしました。園でダウン症のお子さんをお預かりした経験があったので知っている情報をまず伝え，それから支援してくれるところを見つけていきましょうと提案しました。療育機関や近くに親の会がないかをお互い調べてみることとし，その他お母さんのできることとして職場の就業規則などを調べ利用できる様々な手段を検討してみましょうと伝えました。そして最後に「まだ確認をしてみないとわからないけれど，園の関係者でダウン症のお子さんを育てている方を何名か知っているので，この保育園でおしゃべりの会をするというのはどうですか？　私も入れていただいて，少し先を行くダウン症の子どもの子育て経験を聞いてみましょうよ」と提案をしました。その後それぞれで話したことを準備し，園を卒園したダウン症児の保護者にも協力してもらって，園の餅つきの日にきてもらい，お餅をついて食べた後に別室でお茶を飲みながらおしゃべりの会をしました。母親の不安いっぱいの質問に対し，先輩ママたちが「私もそうだったよ」と笑顔で答えてくれたのでかなり励まされた様子でした。その後，Fちゃんは無事に入園が決まり，会社の制度を上手に使いながら仕事と育児の両立をしています。

　園は多くの子育て経験が集まった場所です。保育者は保育のノウハウや子育て事情，ちょっとした子育ての工夫などを提案することができます。また園の施設を利用し，園の職員がつなぎ役をするこ

とでこうした地域のつながりを実現することができます。遊びの提案や，園で提供している離乳食の紹介なども園でできることのひとつでしょう。園が行う保育を地域に発信していくことは，いま最も必要なことであり子育て支援の拠点となることが期待されています。

❷ 地域活動に参加して

Episode 11　地域の中の園として

　地域にある園として町内会の活動にも参加します。11月のことでした。町内会の回覧板に地域清掃のお知らせがあり，園から1名（筆者）が参加しました。当日は箒を各自1本もち，町内の道路の端を掃いていきました。集まったのは年配の方が多かったのですが，落ち葉を掃きながら「今年は保育園の葉っぱ少ないわね」という会話が聞かれました。参加した職員が保育園の職員だということを知らずに言われたのだと思いますが，このことはいろいろ考えさせられるきっかけとなりました。園には保存樹木になるケヤキやトウカエデ，イチョウの木が数本あり，すべてが落葉樹なので秋の落ち葉掃きは大変です。もちろん園の職員は園庭や園の側の道路はせっせと掃いています。しかし風に乗った葉はもっと遠くまで落ちているのでしょう。それを地域の方たちがいつも掃いてくださっているのだということに地域清掃に参加してハッとさせられたのです。そのことはすぐさま会議で報告をし，園でできることを考えました。

　ちょうどその頃，子どもたちと行く近くの公園はゴミがあちこちに散乱していることがあり，遊ぶ前に片付けたり，年長組の子どもも見つけると一緒に片付けてくれることがありました。そこからヒントを得て，年長組の子どもたちと相談し地域のゴミ拾いに出かけたのです。100円ショップでひとりひとつずつトングを購入して用意し，それを手に燃えるゴミ，燃えないゴミと分けて拾って歩きました。近隣の公園で拾ったり，幹線道路の歩道内で拾ったりしました。子どもたちと「タバコが一番多いね」などと言い合って30〜40分ほど拾い集めて園に戻ります。

　ゴミ拾いをしていると近隣の方々が子どもたちに「ありがとう」とよく声をかけてくださいました。そのことは子どもたちに自分たちがしていることを実感させるよい経験となりました。

　　園の中にいると，園だけが小さな社会のような錯覚を覚えますが，私たちは地域社会の中で息づく園なのだということを再認識しました。そうしたことを考える時に園と子ども，保護者のことだけを想定した保育を営むだけでなく，地域の中の役割も担える園でありたいと思います。

5 親とつくる子育て支援

❶ 親が参加する園

　園は地域の子育てのセンター的役割を担いますが，現代は単なる子どもを預かる施設ではなく，共につくる時代に入ったとも思います。おやじの会など保護者が主催する会の活動がある園も多いでしょう。

　子どもを通し家庭との連携が生まれます。そこには社会で活躍し，様々な職業に就く大人（保護者）がいます。そうした人的環境を保育の中で生かしていくことも子育て支援の活動の一環になるのではないでしょうか。

Episode 12　保護者と共につくる

　私の園では創立80周年の記念に，長年大切にしてきた「食べる」という保育の財産を本にすることにしました。しかし保育と並行して本作りを進めることは職員の負担を考え，少々不安がありました。しかしある時「先生，美味しい園の食事をいつか本にしませんか？　その時はぜひ手伝わせてください」と保護者に声をかけられたのです。その瞬間，園と保護者でつくるという構図が頭に浮かび，「そうだ自分たちだけでつくるのではなく，保護者と共につくろう」，そう心に決め本作りをスタートさせました（写真6-2）。

写真6-2　本作りスタート

　保護者から本作りのスタッフを募ると10名の保護者の手があがりました。職種はいろいろで，絵本の出版会社勤務，フードコーディネーター，栄養士，新聞の校正者，デザイナー，ワインメーカー勤務，弁護士事務所勤務とバラエティに富んでいました。普段，私たちにとっては○○ちゃんのお父さん，お母さんでしたが，この時ばかりは保護者の皆さんが職業人であることをまざまざと実感させられました。本当に頼りになる働きぶりだったのです。園の職員と力を合わせて約1年。ようやく本ができあがりました。

保護者が園に子どもを預ける，園は子どもを預かる，保育者は保護者にアドバイスをするなどという一方向の関係性ではなく，これからはそれぞれが主体的に関わり，子育てを共有することが，園をより身近に感じ，園が自分の園になるという大きなポイントになるのではないかと思います。

❷ 帰ってこられる園

　どの園でも長時間保育を行うようになりました。保育所は11時間開所が義務付けられていますから，乳幼児にとっては1日の大半を過ごす場所になっています。そうしたことを考えると園は家庭に代わる場所であり，第二の家庭のような場所であるべきでしょう。保護者と代わって長時間を過ごす園は，保育者や友達が親や兄弟のような存在であり，自分らしくリラックスできる場所であるべきです。乳幼児の過ごす場所ですからわがままも言え，甘えることができ，十分に愛し愛される場所でなければなりません。それは同時に保護者に対しても同様です。

　園だけが子どもを育てるのでも，保護者が単に預けるだけの施設でもなく，互いが子育てを共有しパートナーとなるべく存在であるのです。共に喜び，共に悩みながら，子どもの成長を見守っていきます。園は子どもたち，そこに連なる家庭の暮らす地域にありますから，卒園したらつながりが切れるのではなくいつでも子どもたちや子どもを育てる親が帰ってこられる場所であることが望ましいでしょう。そうしたことを覚えて活動を考えていくことが，これから必要となっていきます。

写真6-3　2歳児に紙芝居を読む卒園生

私の園では小学1年生が家の鍵を忘れたとびたび園にきて保護者の帰宅まで待って過ごすこともあります。入学式，卒業式に晴れ姿で報告にきてくれたり，また園で行うバザーや夕涼み会などには懐かしい卒園した子どもたちや保護者が集まって職員と近況を語り合ったり，時に相談ごとがあったりもします。卒園しても子どもたちの成長を共有できることはとてもうれしいことです。園に卒園生や保護者が訪ねてくるだけでなく，逆に私たち園側もいろいろ助けてもらうこともあります。夏休みのボランティア活動を募ると小学校高学年や中学生になった卒園生が様々な園の手伝いにきてくれます。私の園は園庭に落葉樹の大きな木がいくつもあり，秋になると夕方のお手伝いにきてくれる小学生もいます。学校が終わるときて，小さい子どもたちとおやつを食べ，片付け，掃除を手伝ったら，園庭で子どもたちと遊びながら箒で落ち葉はきをします。そうした活動を取り入れ，いつでも帰ってこられる取り組みをしています（写真6-3）。

　行事や活動を考えていくのと同時に園に行けばいつでも懐かしい先生が迎えてくれるように職員が長く勤め続けられることも園としての大切な課題となるでしょう。子どもや保護者が門をくぐった時に「おかえりなさい！」といつでも出迎えられる園でありたいと思います。

Book Guide

- 大豆生田啓友『ちょっとした言葉かけで変わる　保護者支援の新ルール10の原則』メイト，2017年

保育の中の「あるある」と言いたくなるような様々な場面を漫画化し，また「いるいる」と言いたくなるようないろいろなタイプの保護者への対応のヒントがもらえます。経験2年目の保育者が主人公なので気軽に読め，かつ情報満載の1冊です。

- 茂呂塾保育園レシピ本作成委員会（編著）『もろじゅくごはん』ポプラ社，2015年

本文でも紹介しました園の食に関わるレシピ本を職員と保護者の有志で作り上げました。参加した保護者は普段園児のパパとママですが，一転，本作りでは社会で活躍する力を存分に発揮されています。仕事，家事，育児と忙しい中，知恵と力を出し合い，撮影から校正までやり遂げて完成。「園をみんなでつくる」の例になる一冊かと思います。（問い合わせ：茂呂塾保育園HP　http://www.morojukuhoikuen.com）

・篠木眞（写真・文）『子どもは……Kids are……──篠木眞写真集（新訂）』現代書館，2012年

子どもの写真と詩で綴られています。篠木氏の撮影した子どもの写真に吹き出しを付けてみませんか？　虫の眼は子どもの心の声を読み取ります。写真の1コマはその前後が映し出されていません。しかしそこには必ず子どもなりのドラマがあるはずです。その子の内からあふれる思いを私たちは表現できるでしょうか？

篠木氏が本の中で語る「見る目もっともっと広くなれ　聴く耳もっともっと大きくなれ　受けとめる頭もっともっと柔らかくなれ　感じる心もっともっと鋭くなれ」は，保育者として胸に響く言葉です。

Exercise

1. 保護者から子どもの発達について連絡ノートで相談された場合，どのようなことに注意して書くか考えてみましょう。
2. 虐待が疑われる子どもの状況を察知した際，担任としてどのような方法で対応していくかシミュレーションしてみましょう。
3. 自分の住んでいる自治体にどのような保護者支援機関があるか所在地なども含め調べてみましょう。

第7章

学び合う保育者
——保育の場における保育者の成長と同僚関係——

保育中なのに、先生たちは何を話し合っているのでしょうか？

保育中だって，先生たちはたくさん情報の共有をします。たとえば，今日，お休みのＡちゃんのこと，あっちで泣いていたＢちゃんのことなど，他の先生が担任の先生に早く伝えたいことがたくさんあるのです。特に，泣いていたＢちゃんの経緯については，詳しく知りたいのが担任の思いです。それをわかっていれば，その後のＢちゃんへの関わりは大きく変わります。こうやって，保育というのは，担任ひとりがするのではなく，園内のたくさんの同僚に支えられてするものなのです。他の子も「何があったのかな？」とちょっと心配なのかもしれません（笑）。

第7章　学び合う保育者

1 保育者の専門性と省察

❶ 仕事の中での「学び」

　どんな職業についても，その職場の中で私たちは数多くのことを「学び」，成長していきます。仕事をしていく中で必要な技術や知識を習得し，その仕事について，より理解を深めていくのです。そして，そうした技術や知識の習得，仕事についての理解は，同僚や先輩・上司，取引先など，様々な人との関わりの中でなされます。

　保育者という職業も例外ではありません。子どもや同僚や保護者をはじめ，様々な人と関わり合いながら，様々なことを「学び」，保育者として成長していきます。よって，大学や短大，専門学校など，資格や免許を取得できる課程を修了すれば，子どもや保育についてそれ以上学ばないわけではないのです。また，資格や免許を取れば，一人前の保育者かと言えば，そのように捉えている人もいないでしょう。むしろ，2～4年くらいの養成課程を通じての「学び」よりも，はるかに長く深い「学び」が保育者になってからも続き，そうした「学び」が保育者としての成長を支えていくのです。

　では，保育者として「学び」，成長していくことは，どのようなことなのでしょうか？　この問いに答えるためには，「保育者の専門性とは何か」ということについて再確認しておく必要があります。もっとわかりやすく言えば，保育者は一体何の「プロ（プロフェッショナル）」なのかを考える必要があるのです。

　「そんなの簡単！　『保育のプロ』に決まっているじゃん！」という声が聞こえてきそうです。しかし，この「保育のプロ」とは一体何をする人のことを指すのでしょうか。このことについて明確な考えをもっていない限り，保育者として成長していくということは，いかようにも捉えることが可能です。そこで，まずは保育者の専門性とは，一体どのようなものなのかを再確認しておきたいと思います。

149

❷ 保育者の専門性とは
── 「見えやすい」専門性と「見えにくい」専門性

① 「見えやすい」専門性だけが，保育者の専門性か？

　実習を終えた人や保育現場でのボランティアやアルバイトをしている人は，現場の先生方を見て，どんなところが「スゴい！」と感じましたか？　子どもの様子に合わせてピアノや手遊びを上手にする姿や，子ども同士のケンカなどにも素早く対処したり，一度に大勢の子どもたちに語りかけ，子どもたちを話に集中させていく姿などに，「すごいなぁ」「さすがだなぁ」と関心したり，あこがれをもつことは少なくないと思います。

　確かに子どもたちが「やってみたい」と思い，楽しむためには，子どもを上手に遊ばせ，まとめるためなどのいわゆる「保育技術」や，どんな遊びが好きかといった子どもや保育に関する知識が，「保育のプロ」である保育者には必要です。仮にこうした専門性を，ここでは「見えやすい専門性」と呼ぶことにしましょう。「見えやすい」専門性は，「見えやすい」だけに，見よう見まねを繰り返し，経験を重ねればある程度上達していくものです。しかし，この「見えやすい」専門性の習得にのみ躍起になると，後で述べる保育者にとって最も重要な専門性，すなわち「見えにくい」専門性を見失う危険性があるのです。むしろ，本来，先に述べた「見えやすい」専門性は，次に述べる「見えにくい」専門性の存在なくして成り立たないはずです。

② 「見えやすい」専門性の背後にあるものとは

　なぜなら，先に述べた「見えやすい」専門性の背後には，いま，目の前の子どもたちが「何を望んでいるか？」「何に興味をもっているか？」「何を（身体や言葉で）表現しようとしているか？」など，個々の子どもの内面（思い）に迫ろうとする保育者の姿勢があるはずだからです（もちろん，こうした姿勢に「すごさ」や「あこがれ」を感じた人もいるでしょう）。そうでなければ，ただ単に子どもを自分たちの都合のいいように，動かし，まとめられることが保育者の専門性ということになってしまいます。いわゆる「保育技術」など「見えやすい」専門性を駆使して子どもをうまくのせること（のら

ない子どもをのせることも含む）が「できるようになる」ことだけが
保育者として成長することでもなければ，専門性が高いということ
では決してないはずです。

　つまり，子どもの育ちを支え，援助するということは，巧みなテ
クニックでもって，自分が用意した計画や活動に子どもをのせるこ
とではないのです。一人一人の子どもが，いま，どんなことに興味
をもち，楽しんでいるか，どんなことに挑戦しようとしているか，
どんな壁にぶつかっているかなど，子どもたちの内面理解から始ま
るのです。それを土台として，子どもたちが主体的に取り組めるよ
う様々な工夫をし，子どもたち自身の「もっとやりたい」「もっと
挑戦したい」などの意欲を引き出し，他者の思いに気が付いていけ
るような機会などを保障していくのです。言い換えれば，この子ど
もの内面理解を深め，豊かにしていくことによって，先に述べた
「見えやすい」専門性は初めて意味をもつことになるのです。

③「見えにくい」専門性———人一人の子どもの行為の意味に迫る

　そこで，この「見えやすい」専門性の背後にある子どもを見る
「まなざし」（内面理解）を，ここでは「見えにくい」専門性と呼ぶ
ことにします。「見えやすい」専門性のみを保育者の専門性と考え
た場合には，ついつい自分の思い通りに動く子どもを「できる」子
ども，動かない子どもを「できない」子ども，といったように子ど
もを一方的な見方で見ることにもなりかねません。あるいは，目の
前の子どもとは別に用意された一般的（平均的な）な姿（たとえば，
発達段階など）を「望ましい姿」や「あるべき姿」として捉え，そ
れらと照らし合わせて，○○が「できた」「できない」といった見
方から具体的な援助を考えがちです。

　しかし，乳幼児期は発達の個人差が非常に大きい時期です。ある
子どもにとって何でもないことが，ある子どもにとっては，ものす
ごくプレッシャーを強いられることであったりもします。また，保
育の場では，様々な場所で，様々な遊びが展開され，様々な思いが
交差します。一見，何もしないで，ボンヤリと遊びを眺めているよ
うで，その子なりに，その場の雰囲気を楽しんでいることもあるで
しょう。あるいは，何か新しいことを始める時には，一体何が始ま
るのかを慎重に見極めてからでないと，取り組まない子もいるかも
しれません。反対に，何をやるにも臆せず元気に取り組む一方で，

自分の思いをうまく言葉で表現できずに，つい手が出てしまう子など，実に様々です。そして，そうした多様な子どもたち同士（保育者も含む）が関わり合っていくことによって，個々の子どもと保育者の成長に欠かせない様々な「出来事」が生まれるのです。

この「出来事」が子どもや保育者自身の成長にとって欠かせない（子どもの内面理解を深めるための）ものとなるためには，個々の「出来事」が個々の子どもにとってどんな意味をもっているのかを考えることが必要です。そして，個々の子どもの思いに寄り添い，個々の子どものストーリーからその子に必要な援助を考えるのです。言い換えれば，保育者は，いま，目の前にいるその子が「なぜ，そうしているのか（そうするのか）」，その子の立場にたって，その子の行為の意味やその子にとっての「出来事」の意味に迫っていくのです。

実際には，それらのことを保育者は，瞬時に行っています。子どもたちと関わり合いながら，子どもたちが身体で，言葉で，表情で発信しているそれぞれの内面に，瞬時に寄り添い，判断し，必要な援助を決定しているのです。こうした目に「見えにくい」専門性にこそ，保育者が「保育のプロ」である所以があるのです。

では，そうした目に「見えにくい」専門性は，どのように現場の中で培われ，保育者として成長していくのか，次に考えてみたいと思います。

❸ 保育者の成長と「省察」

子どもの内面に寄り添い，その子にとっての行為の意味に迫り，その子に必要な援助を瞬時に見出すという目に「見えにくい」ところにこそ，保育者の専門性があると先に述べました。言い換えれば，保育者は，子どもと関わりながら，いま，目の前で子どもが見せる姿の背景にあるこれまでのその子の様子などを，瞬時に「振り返り」ながら，いま，その子が○○することの意味を捉え，何らかの判断を行いながら関わり，自分の援助（具体的な関わり）や枠組み（見方・読み取り）を修正し，新たな関わりを生み出しているのです。[1]

また，そうした実践の中での瞬時の関わり（「振り返り」を含む）は，以下に示した倉橋惣三が『育ての心』に記した一文のように，保育が終わった後での「振り返り」と密接に関連しています。保育

➡1　こうした「実践知」と「行為の中の省察」に基づいた専門家像を，ショーン，D. A. は「反省的実践家」として提唱しています。なお，ショーンは，いったん立ち止まって考えるというよりも行為と思考が切り離せないものであることを強調し，「行為についての省察」と「行為の中の省察」を区別しています。
Schön, D. A. (1983). *The Reflective Practitioner,* Basic Books.（ドナルド・ショーン，佐藤学・秋田喜代美（訳）『専門家の知恵──反省的実践家は行為しながら考える』ゆみる出版，2001年）

第7章　学び合う保育者

後の「振り返り」では，保育中には夢中でわからなかったその子の内面や，「出来事」の意味，自分の関わりなどを捉え直すことになり，保育者の日々の子どもとの関わり（保育する行為）を支えているのです。

▶2　倉橋惣三『育ての心』（上）フレーベル館，2008年，p. 49.

子どもらが帰った後[2]

　子どもが帰った後，その日の保育が済んで，まずほっとするのはひと時。大切なのはそれからである。

　子どもといっしょにいる間は，自分のしていることを反省したり，考えたりする暇はない。子どもの中に入り込みきって，心に一寸の隙間も残らない。ただ一心不乱。

　子どもが帰った後で，朝からのいろいろのことが思いかえされる。われながら，はっと顔の赤くなることもある。しまったと急に冷汗の流れ出ることもある。ああ済まないことをしたと，その子の顔が見えてくることもある。――一体保育は……。一体私は……。とまで思い込まれることも屡々である。

　大切なのは此の時である。此の反省を重ねている人だけが，真の保育者になれる。翌日は一歩進んだ保育者として，再び子どもの方へ入り込んでいけるから。

　こうした「振り返り」は，倉橋の一文にもあるように，個人で保育室を掃除しながら行われる場合もあれば，保育記録や日誌などを付けることを通して行われることもあります。そうした場合，ひとり静かに日頃の子どもや自分自身の姿を思い起こし，それらと対話していくのです。

　その一方で，一緒に働いている同僚をはじめ，多様な他者との関係の中でも「振り返り」は行われます。つまり，多様な他者と共に子どもの姿を「語り合う」ことを通して「振り返る」のです。自分たちの実践（子どもの見方や印象に残った子どもの姿や「出来事」など）を語り合い，「対話」する過程の中では，自分の中の（子どもや自分自身の姿との）「対話」だけからでは見えてこなかったような多様な見方に出会い，子どもや自分自身の姿を多面的に捉え直すことができます。さらに，他者の見方から自分だけでは発想できなかったような子どもを見る視点や実際の関わりを獲得していくことにもなります。つまり，仲間と共に子どもや保育について「語り合い」，自分自身の保育や子どもの見方を「振り返る」ことは，単に同僚と子

153

➡3 津守真「保育者としての教師」佐伯胖ほか（編）『教師像の再構築』岩波書店，1998年，p. 160.

➡4 「教育公務員特例法等の一部を改正する法律」によって，10年経験者研修を中堅教諭等資質向上研修に改め，実施時期の弾力化を図ると共に，中堅教諭等としての職務を遂行する上で必要とされる資質の向上を図るための研修と位置付けられました。

➡5 厚生労働省「保育所保育指針」2018年，第5章に明記されています。

➡6 「児童福祉施設の設備及び運営に関する基準」第7条の2に明記されています。

➡7 保育士確保のために国は，たとえば，保育士就学資金貸付事業や就職準備金貸付事業（一定期間の勤務で返済免除になる），宿舎借り上げ事業などの国庫補助金を創設しました。また，給与についても2014年度と2015年度にそれぞれ約2％（月額約6000円）ずつ引き上げ，子ども・子育て支援新制度の導入にともない3％（月額約9000円）相当の改善を図り，2016年度には1.3％（月額約4000円），2017年度には2％（月額6000円程度）の処遇改善政策を実施しています（厚生労働省「保育士のキャリアアップの仕組みの構築と処

どもを理解することに留まるのではなく，そこからおのずと子どもの育ちを見通しつつ，環境構成を変える手がかりや，新たな他者やモノとの出会いをもたらすための具体的な手立てなどをデザインする原動力にもなっていくのです。

このように，子どもや子どもに関わる自分自身の姿を「振り返り」，保育（子どもの見方や具体的な手立てを含む）を作り直していくことを，保育や教育の世界では「省察」と呼びます。津守（1998）が「保育の実践は省察をも含めてのことである。（中略）実践と省察は切り離すことができない」[3]というように，保育者が成長するためには，日々の実践を「省察」することが必要不可欠なのです。そして，そうした「省察」を生み出す，子どもの姿から学ぶ姿勢や，仲間と共に子どもや保育について「語り合い」・「学び合う」ことが保育者の成長には欠かせないのです。

❹ 保育者の研修制度

こうした保育者の専門性の向上を図るために，幼稚園教諭に関しては，国によって研修制度が位置付けられています。たとえば，教育公務員特例法には，教員としての職責を遂行するために，初任者研修，中堅教諭等資質向上研修，指導改善研修などの実施が定められ[4]，教育職員免許法においては，教員免許更新講習の実施が定められています。

一方，保育士に関しては，保育所保育指針において，施設長の責務と専門性の向上，職員の研修機会の確保，職場における研修，外部研修の活用，体系的な研修計画の作成，研修成果の活用などについて記載がされ，保育士としての専門性の向上を図るよう努めなければならないとしています[5]。また，「児童福祉施設の設備及び運営に関する基準」にも，資質の向上のための研修の機会の確保や，それぞれの施設の目的を達成するために必要な知識及び技能の修得，維持及び向上に努めなければならないとしています[6]。このようなことから保育士に関しては，国によって研修制度が位置付けられているとは言えませんが，国は何とか保育士を確保しようと，様々な処遇改善政策を講じ，それらを実施していく中で，キャリアアップ制度を導入することになりました[7]。

キャリアアップ制度では，副主任保育士や専門リーダー，職務分

第7章　学び合う保育者

表7-1　キャリアアップ研修の分野ごとの対象と主な内容

分野	対象	主な内容
専門分野別研修	保育所等（子ども・子育て支援法に基づく特定教育・保育施設及び特定地域型保育事業をいう。以下同じ。）の保育現場において，それぞれの専門分野に関してリーダー的な役割を担う者（当該役割を担うことが見込まれる者を含む。）	①乳児保育（○乳児保育の意義，○乳児保育の環境，○乳児への適切な関わり，○乳児の発達に応じた保育内容，○乳児保育の指導計画，記録及び評価） ②幼児教育（○幼児教育の意義，○幼児教育の環境，○幼児の発達に応じた保育内容，○幼児教育の指導計画，記録及び評価，○小学校との接続） ③障害児保育（○障害の理解，○障害児保育の環境，○障害児の発達の援助，○家庭及び関係機関との連携，○障害児保育の指導計画，記録及び評価） ④食育・アレルギー対応（○栄養に関する基礎知識，○食育計画の作成と活用，○アレルギー疾患の理解，○保育所における食事の提供ガイドライン，○保育所におけるアレルギー対応ガイドライン） ⑤保健衛生・安全対策（○保健計画の作成と活用，○事故防止及び健康安全管理，○保育所における感染症対策ガイドライン，○保育の場において血液を介して感染する病気を防止するためのガイドライン，○教育・保育施設等における事故防止及び事故発生時の対応のためのガイドライン） ⑥保護者支援・子育て支援（○保護者支援・子育て支援の意義，○保護者に対する相談援助，○地域における子育て支援，○虐待予防，○関係機関との連携，地域資源の活用）
マネジメント研修	専門分野研修の分野におけるリーダー的な役割を担う者としての経験があり，主任保育士の下でミドルリーダーの役割を担う者（当該役割を担うことが見込まれる者を含む。）	○マネジメントの理解 ○リーダーシップ ○組織目標の設定 ○人材育成 ○働きやすい環境づくり
保育実践研修	保育所等の保育現場における実習経験の少ない者（保育士試験合格者等）又は長期間，保育所等の保育現場で保育を行っていない者（潜在保育士等）	○保育における環境構成 ○子どもとの関わり方 ○身体を使った遊び ○言葉・音楽を使った遊び ○物を使った遊び

→出所：厚生労働省「保育士等キャリアアップ研修の実施について」2017年より筆者作成。

遇改善について」2017年）。

→8　市町村（特別区を含む），指定保育士養成施設または就学前の子どもに対する保育に関する研修の実績を有する非営利団体のことを指します。

野別リーダーを新設し，月額5000円から4万円の加算を行うもので，役職につき加算を受けるには，都道府県又は都道府県知事の指定した研修実施機関が実施するキャリアアップ研修を修了する必要があります。研修には，専門分野別研修，マネジメント研修及び保育実践研修があり，それぞれの研修内容と対象者は表7-1の通りです。

　こうした給与の加算やキャリアアップ研修によって，国によって保育士の研修制度が位置付けられ，保育士の専門性に対する認識が社会に広まり，高まることは望ましいことです。また，「キャリアアップ」という形で，研鑽を重ねてきた職員が正当に評価されることも大切なことだと考えます。しかしその一方で，これまで各園が保育の質，あるいは職員の専門性の向上のために独自に取り組んできた研修が継続不可能になったり，職員の学び合いや，それによっ

155

て育まれる同僚性が損なわれていく危険性もはらんでいないとは言えません。よって，具体的な研修内容をより吟味していく必要があると同時に，同僚をはじめとした他者と共に「語り合い」，「学び合う」際の，他者や自分自身の枠組み，目の前の子どもへのスタンスをいま一度捉え直すことがより重要になってきます。

2 仲間と共に「語り合い」・「学び合う」ために

❶「語り合い」・「学び合う」ことの難しさを自覚する

　職員間に階層がないにせよ，あるにせよ，ただひたすら一生懸命に保育をし，励まし合えば「対話」が生成され，「省察」し，「学び合う」ことができるわけではありません。むしろ，私たちは「語り合いたい」「学び合いたい」と願い，その必要性を見聞きはしているものの，実は実践できずに悩んでいることの方がいまだに多いことはないでしょうか。あるいは，自分自身では「学び合っている」つもりではいても，権威的な知識の押し売りや独りよがりに終わっていることも少なくないのではないでしょうか。

　たとえば，ある保育者の保育や子ども理解が問題とされた場合には，その保育者個人の力量の未熟さが問題のすべてであるかのように捉え，それを克服させるべく「何ができていて」「何ができていないか」を項目的に評価し，一方的に指導・助言していくことによって改善を図ろうとする傾向はないでしょうか。一方，指導・助言される側の保育者は，そうした周囲（あるいは外部）の「評価する目」を意識して保育していくことになります。こうした状況下では，保育者として成長し，「学び合う」ことが，どこか権威あるところで生まれた知識を（かつて自分もそうされたように）授け，教え込む一方で，それらを必死に覚え込んでいく（かつて自分がそうしていたように）ことにすり替わっていると考えられます。

　また，経験を積み重ねていくこと自体が「学び合う」ことを阻む場合もあります。たとえば，長年の保育経験によって身についていく不文律（園文化や保育姿勢など）は，時には子どもや保育に対する

第7章　学び合う保育者

▶9　保育者の発達段階モデルを示したベン，V. や保育者の経験年数によって関心を向ける問題が異なっていることを示した高濱などは，経験を積むことが視野の深まりと広がりをもたらすだけでなく，ある面での衰退（マンネリズムや身体的な衰えなど）をさせることに注目しています。Vander Ven, K.(1998). Pathways to professional effectiveness for early childhood educators. In Spodek, B., Saracho. N. & Peters, D. (Eds.), *Professionalism and the early childhood practitioner*. Teachers College Press, pp. 137-159. （高濱裕子『保育者としての成長プロセス――幼児との関係を視点とした長期的・短期的発達』風間書房, 2001年）

スタンスの柔軟性を奪い，硬直化させる可能性があります。そして，無意識のうちに子どもの自発的な活動や若手保育者の既成概念に捉われない新鮮な子どもの見方や発想に目が向かなくなっていき，子どもや自分より経験の浅い保育者に自分のさせたいことを一方的に押し付けていることなどもあり得るのです。

❷「どうやればいいのか」観に縛られやすいことを自覚する

　子どもや同僚と共に「学び合いたい」と思いつつも，そうできないでいる時には，「どうやれば，○○ちゃんや△△先生は変わるのか」，あるいは「どうやらなければならないのか」といったことばかりに捉われていることはないでしょうか。そうした「どうやれば○○」をここでは仮に「どうやればいいのか」観と呼ぶことにします。

　この「どうやればいいのか」観に縛られている時には，いくら語り合ったり，研修を行ったとしても，ベテランから若手（あるいは，外部の専門家から現場の保育者）へ，「どうやればいいのか（正解）」を伝えようとすることになります。そして，「どうやればいい（援助や保育ができる）のか」について，わかりやすく親切に教えてくれるベテランが，若手にとっても，ベテラン自身も「いい先輩」と考えるようになります。同じように外部の専門家との関係で言えば，「どうやればいいのか」懇切丁寧に教えてくれる専門家が「いい講師」ということになります。

　一方，「どうやればいいのか」訊ねてくる若手や現場の保育者は，ベテランや外部の専門家にとっては「扱いやすい」存在，あるいは，自分の効力感を確認しやすい存在となり，安心できるのです。逆に自分が想定していない姿や自分の枠組みに収まらない姿を目の当たりにしていくと，自分にとって「扱いにくい」存在となり，その姿を否定的に捉え，一方的な助言や援助で変えようとすることで，自分の効力感を取り戻そうとすることはないでしょうか。

　そうした「どうやればいいのか」観が表面化しない場合には，一見その園の実践がうまくいっているように見えるかもしれません。しかし，実際には，若手にとっては「させられている」保育であり，子どもたちにとっては「させられている」遊びや活動になっている

157

可能性もあるのです。つまり，「どうやればいいのか」観に縛られていくと，「どうやれば正解なのか」を，子どもも，若手も，ベテランでさえもが躍起になって追い求めることになり，「正解」を伝える側は必死に「身につけさせよう」とし，伝えられる側は必死で「身につけよう」とすることになります。そして，どれだけ「身につけさせ」，「身につける」ことができたか，すなわち「結果」のみで個人の力量が評価，判断されることになるのです。これでは，いくら語り合ったとしても，「学び合うこと」にはならず，実践が深まることもないのではないでしょうか。

❸「どうやればいいのか」観が置き去りにするもの

　では，「どうやればいいのか」観には，一体何が欠けているのでしょうか。それは，「○○すること」の意義や価値への実感，あるいは，「なぜ，○○しなければならないか」などを問う個々の保育者の自発的な問いかけ，さらには，別の可能性を自分なりに模索する探究心などが欠けているのです。そうした実感や自発的な問い，探究心などはその当人の「学び」や「成長」にとって本来欠かせないものです。

　つまり，個々の保育者が，子どもと関わりながら，その子の置かれている状況，立場，思い，意図などに思いを巡らし，いまその子にとって何が必要なのか，どのような発達の危機を乗り越えようとしているかなど，自分なりに吟味し，実感をともなって表現することなくして，具体的な援助方法の意義や価値を見出せないのではないでしょうか。言い換えれば，個々の保育者が日々の子どもとの関わりの中で得た実感や自発的な問い，探究心をベースにした「語り合い」や「省察」なくして，本当の意味での保育者の成長はなされないのです。そこで，ここからは，具体的な保育者の姿を基に，何をどのように「語り合う」中で，「省察」するという行為は生まれるのかを考えてみたいと思います。

❹「どう関わるべきか」から「何が起きているか」へ

　次にあげるエピソードには，保育者になって１年目のＡ先生と学年を組んでいたベテラン保育者Ｂ先生が，無意識のうちに共に「ど

第7章　学び合う保育者

うやればいいのか」観に縛られつつも，園外の保育者や研究者との
「語り合い」の中で，そこから少しずつ脱していく姿を見ることが
できます。

Episode 1　自分のＡ先生に対する関わりを問い直すＢ先生

　Ａ先生の話す番になり，Ａ先生は，自分の気になっているＭ男についてぽつぽつと語り始めます。Ａ
先生が自信なさげにＭ男について一通り語り終えると，園外の保育者のひとりが，「Ｍ男についてもっ
と聞きたいんだけど……」と切り出し，Ａ先生に「Ｍ男ってどんな子？」「どんな時にトラブルになる
の？」などと聞き始めました。

　すると，それまで言葉少なになっていたＡ先生から，次々とＭ男の様子が語られ始めたのです（Ａ先
生自身が手に負えなくなったＭ男の様子も含めて）。Ａ先生自身が語るＭ男の姿からは，その場の人びと
との間に，Ｍ男の姿をリアルに浮かび上がらせると共に，それぞれが経験した，似たような状況さえも
が頭の中に想起され，各人が各人の視点からＭ男について語り始めました。そして，それらを共有し吟
味するうちに，Ｍ男の置かれている状況や周囲の関係のありようが新たに見えるようになってきたので
した。

　また，こうした語り合いの過程の中でＢ先生は，日頃の自分自身のＡ先生に対する関わりを問い直し
始めていました。つまり，いつの間にか子どもの姿ではなく，Ａ先生の子どもの見方や関わりばかりを，
彼女との会話の中で話題にしていたことを省み始めていたのです。

　語り合った後，Ｂ先生は，その場の雰囲気に注目し，まだ自分が
別の園にいた頃，この場にいた園外の保育者と共に縦断的な研究に
参加していた時のことを思い起こしていました。当時のＢ先生自身
が生き生きと子どもの姿や保育を語っていたことを。

　そして，いま，Ａ先生自身が生き生きと語っていたこの場と当時
の場の雰囲気に共通するものを感じ取っていました。いずれの場に
おいても語り手は自分の難しい・おもしろいと思う子どもの姿を自
分の言葉で語る一方で，聞き手は語られる子どもの姿を想起しなが
らその子に対するイメージを膨らませるために，その子についての
情報を聞き出しているに過ぎず，「どのように保育すべきか」，「ど
のように関わるべきか」といったことが一番の問題関心になってい
ないことを過去の経験と照らし合わせて想起していたのです。そし
て，Ｂ先生自身も，その場の参加者がしているように，Ａ先生の語
る子どもの姿を共有していく中で自分自身のそれまでのＡ先生に対
する関わりや話題にしていた内容を問い直し始めていたのです。

　だからといって，保育者の子どもに対する関わり方や具体的な保

159

育方法について全くふれないわけではありません。共有されたM男の姿を基に，保育者として，担任として何ができるのかを結果的に考えることになり，A先生はそれまでの自分のM男に対する関わりを省察してもいました。

このように「語り合う」内容が「どう関わるべきか」から「何が起きているか」へと変わっていくことで，具体的な子どもの姿や状況に自然と目が向くようになり，その具体的な出来事を基に自分たちの子どもに対する援助の在り方や同僚に対しての自分の存在を問い直す姿がみられるようになってきました。

❺ 自分の見方・考えを表現する

一方，A先生は，A先生の自分の抱えている課題を少しずつB先生らと共有していく中で，自分の見方や思いを自分の言葉で表現することの意義や価値を見出していきました。同時に，子どもや状況に即してB先生らの視点を自ら捉え直すことも少しずつし始めていました。

たとえば，A先生は，ある日，ひとつのドッジボールコートの中で子どもたちが様々な楽しみ方をしている姿を喜んだり，おもしろがったり，不思議がったりしていました。その一方でA先生は，この後，どういうふうにルールを子どもたちと作っていくのかを気にかけてもいました。そして，B先生によれば，そのこと自体を「こんなふうに楽しんでいる子どもたちがいるから，今度はどうしましょうか？　こんなふうにやってみたらもっとおもしろそうなんですけど……」とA先生自ら捉えた子どもの姿を基に，様々なことを提案してきていたそうです。

ここでのA先生は，子どもにとって自分に何ができるかを思い悩み，模索していますが，はじめに「正解」ありきの保育や，先輩に「答え」を求めることはしていません。また，周囲の期待の目に応えられない自分自身に思い悩んでいるわけでもありません。むしろ，子どもの姿や状況，背後にある文脈などをB先生と共に味わい，その状況に即した援助を探究し始めていく中で自分に何ができるかを思い悩みながら，自分の思い（願い）を表現しているのです。

第7章　学び合う保育者

3 「語り合い」・「学び合い」が生み出すもの

❶ 子どもを共に見る「まなざし」

　新任のＡ先生が子どもや目の前の状況に即して自分にできること
を模索していく時，Ａ先生のＢ先生が保育する姿勢に対して向ける
「まなざし」も少しずつ変わってきました。たとえば，先にもあげ
たＭ男が自分以外の保育者（特にＢ先生）に関わりを求め，そこで
新たな姿を見せていることに気が付くと，Ａ先生はそれを自分の至
らなさに還元するのではなく，その関わりの中でのＭ男らしさを見
出し，そのことをＭ男の育ちとして捉えるようになっていきました。
そして，自分の知らないＭ男の姿を，Ａ先生の方からＢ先生にどん
な様子だったか積極的に聞きに行き，お互いの見方を交換し，自分
との関わりに生かしていくようになっていったのです。すると，両
者の子どもや保育を語る語り口や視点そのものが変わってきました。

Episode 2 🎓　　A先生，ケンカを語る

　保育後，年長組の学年会において，先週の子どもの実態を話している際，ドッジボールが最近盛り上
がっている一方で，さくら組（Ａ先生の担任クラス）においてケンカが絶えないということが話題にな
りました。

　Ａ先生は，「なんか，トラブルが絶えないんですよね，ゆり（Ｂ先生の担任クラス）は起こらないの
に……」と，ちょっとため息をつきながら，Ｂ先生に話します。それに対して，Ｂ先生は，「そう？
まぁ確かに，今日もすごかったよね，Ｔ男とかさぁ」と言うと，「どうしたら，いいのかなぁって……。
でも，いま，ドッジボールの時とかは，いまのところ，ジャンケンが，子どもたちの納得しているルー
ルになっているじゃないですか。そしたら，最近，他の場面でも，そんなふうにジャンケンを使ってい
るんですよ」とＡ先生。それに対して，驚きの表情を見せながら，「それで，それで」と先を聞きたが
るＢ先生。

　そこでＡ先生は，Ｔ男らが，ジャンケンをケンカの解決策に用いようとしつつも，ジャンケンで解決
しようと思っても解決できないことがあり，そこで今度は，ケンカを収めるための方法を巡ってトラブ
ルになっているように見えることがあると，具体的な子どもの姿を基に自分の考えを述べていくのでし
た。

161

当時Ａ先生は，自分のクラスの子どもたちがすぐにケンカになるなど，トラブルが絶えないことについてかなり悩んでいました。しかし，Ａ先生はそれを自分だけに特有な課題として抱え込むことはせずに，わからないこと，悩んでいることをストレートにＢ先生にぶつけるようになっていきました。一方，Ｂ先生は，ケンカをどう収めるか，保育者として何をすべきか，といったことを前面に押し出すのではなく，Ａ先生の言葉から想起される具体的な子どもの名前をあげ，実際の文脈に即してＡ先生の見方や思いを聞き出すようになっていったのです。そして２人は，ケンカの内実に共に目を向け，状況に応じてケンカの質が変化し，その中で，子どもたちが様々なことを学び合っていることを吟味し合っていくのです。そして，Ａ先生はただ単にケンカを収めたり，トラブルを減らすことにとらわれるのではなく，その場の状況に応じて介入の仕方を変えるなど，様々な工夫をしていくようになっていきました。

　ここでは，子どもを何かが「できる」「できない」という見方で評価してもいなければ，どちらかが一方的に評価し，評価されるような保育者間の関係も存在しません。自分たちの見た「出来事」を交わし合い，その中で見えてきた子どもの姿やその背後にある文脈に共に目を向けているのです。その中で，お互いの意図や大切にしたい事柄（子どもの姿や活動）が可視化され，自分たちに何ができるか，何をすべきかを共に探究しているのです。

❷「わからない」ことこそを共有するスタンス

　Ａ先生の子どもの見方や子どもを「語る」語り口，内容そのものの変化は，Ｂ先生の保育を「語る」姿勢や内容の変化と相互に影響し合っていたと考えられます。以前のＢ先生が「語る」のは，どちらかというとＢ先生自身が「よく見えている・わかっている」子どもの姿でした（もちろん，Ｂ先生自身はそんなつもりはなかった）。そうしたＢ先生の姿は，Ａ先生から見れば自分の「見えなさ」を意識させられるものだったかもしれません。

　しかし，この頃，Ｂ先生自身も担任しているクラスの子どものことで思い悩み，そのことを頻繁にＡ先生に相談し，自分の抱えている悩みを無意識のうちに言うようになっていました。そうした中でＡ先生が，Ｂ先生の知らないその子の様子やその子に対するＡ先生

の見方を語り始めることも頻繁に起こってきたのです。

　Ｂ先生は，Ａ先生の視点を基に自分の関わり方などを捉え直し，自分の保育を作り変えていきました（もちろん，そうしたことはこれまでもやっていましたが，Ａ先生には見えにくいものだったのかもしれません）。そして，そうしたＢ先生の姿をＡ先生が目の当たりにしていく中で，Ａ先生自身もＢ先生の視点を自分の保育に生かすことを知らず知らずのうちに実践するようになっていったと考えられるのです。

　このように「わからない」ことこそを共有し，他者の見方を自分の保育に活用していく関係や姿勢が両者にみられるようになってきたのです。そして，こうした両者の関係や姿勢は，Ｂ先生としては，一緒に働き出した頃から実践したかったことであり，Ａ先生に学んでほしかった事柄でもありました。しかし，ここでは「教える」つもりもないのに，Ａ先生はそうした姿勢を自分の中に取り込み，実践するようになっていたのです。

❸ 葛藤の質の変容

　「どうやればいいのか」観に縛られている時，Ａ先生は必死に周囲の「暗黙の期待」に応えようとしていました。しかし，その期待に応えようとすればするほど，自分の想定範囲内で子どもの姿を「語り」，その想定範囲に子どもを収めようとする一方で，収められない自分自身と子どもの姿に苦しみ，葛藤していました。一方，Ｂ先生は，Ａ先生の力になりたいと思いつつも，自分自身の枠組みでＡ先生の姿を捉え，Ａ先生の姿に変化がみられないことに葛藤していました。そして結果的には，変わらない相手を責めるか，変えられない自分を責めるかに終始し，それぞれがそれぞれの葛藤を個別に乗り越えようとしつつ，乗り越えられないでいることにもがき苦しんでいたのです。

　こうした葛藤は，一見，子どもの姿や保育を巡っての葛藤のように見えるかもしれません。しかし，むしろ本来吟味され，葛藤を呼び起こす対象となるはずの子どもの立場が置き去りにされた「子ども不在」の葛藤だったといえます。

　しかし，両者が子どもの姿を共有するようになっていくと，保育にとって一番重要である子どもの立場を巡っての葛藤に変容してい

きました。つまり，両者は，子どもの思い，意図，取り巻く状況，それまでの活動の流れ，文脈などに目を向け，子どもの立場を考慮し，そうした子どもたちに対して自分には何ができるかを考え，葛藤するようになっていったのです。

　両者の子どもを見る視点や思い悩むポイントは，もちろん異なります。しかし，そこでの葛藤は，相手（子どもや同僚）もしくは自分を責めることで生まれてはいません。むしろ，相手の世界に身を置こうとすることから生まれる葛藤だといえるでしょう。また，個人で葛藤を抱え込むこともしません。つまり，お互いの視点や思いを交流させていく中で葛藤していくことは，自分たちが子どもをよりよく理解し，保育をよりよくしていくために「大切にすべきこと」や「解決すべき問題」があることを共に見出し，探究している姿なのです。よって，その葛藤は，見えてきた子どもの姿のもつ意味について，共に問い，そこで必要とされる援助についてその都度考えていこうとする探究心，すなわち保育者としての普遍的な姿勢が生み出す葛藤だといえるでしょう。

❹「わからなさ」や「できなさ」への意識の変化

　しかし，そうした葛藤は，自分自身の課題をより可視化させることになり，時には子どもに対する「わからなさ」や自分の「できなさ」についてより深く思い悩むことになります。むしろ，子どもの姿が見えてくればくるほど，それにともなう葛藤も深くなるといえるかもしれません。あるいは，反対にどの子のこともわかっているような幻想に捉われることもないとは言えないでしょう。

　よって，そうした「わからなさ」や「できなさ」とどのように付き合うかが重要です。何が何でも「わからなければならない」と必要以上に自分を責める必要はないでしょう。保育は人間同士の営みですから，相手のことをすべてわかることの方が土台無理な話なのです。しかし，「どうせわからない」と初めから「わかろうとすること」を放棄するのは，無責任であることは言うまでもありません。大切なことは，自分（あるいは自分たち）の「わからなさ」や「できなさ」を謙虚に自覚し，「わかりたい」と願いながら，その葛藤を多様な他者と共有し，時には子どもに「ゆだねる」ことです。つまり，安易に「答え」を求めずに，一旦日々の実践に返し，その中

第7章　学び合う保育者

で新たに得られたことを再度仲間と「語り合う」ことで共有し，吟味していくというプロセスが重要なのです。

4 「語り合い」・「学び合う」時には

❶ 自分の見方を一時脇に置き 相手の見ている世界を共に見る

　A先生とB先生のように，保育者同士が「語り合い」，「対話」関係を築いていく時には，相手がいまどんな「出来事」や子どもの姿をおもしろがったり，喜んだり，悩んだりしているのかを，一端自分の見方や立場を脇に置いて，その人の身になって感じ取っていくことになります。また，相手の「まなざし」を通して相手の生きている（「語る」）世界を見て，その世界についての理解を深めていくことができる共感的な「場」を生成していることにもなります。だからこそ，相手の思いや意図，さらには抱えている問題をも共有することができ，具体的な援助の在り方などを共に吟味することができるのです。

　つまり，個人の見方や考え方を一方的（あるいは権威的）に評価し，「正解」，「不正解」を問うことなどはしないのです。異なる見方や解釈を交流させ，多様な異なる視点に出会い，それぞれが自分の見方を問い直し，見方そのものを重層化させていくのです。

　だからといって，お互いの見方や保育を全面的に肯定するわけではありません。同僚や先輩として違う見方や考えを伝えたり，提案していくことも当然起こります。しかし，それは，語られる子どもの姿や「出来事」を共有し，その意味や価値を共に問い，よりよくしていくためにはどうすればいいのか，共に探究している姿であり，その両者の子どものこと（あるいは保育）を「共にわかろうとする」協同作業の中で起きていることなのです。

❷ 「省察」と「収奪」を生む

「対話」する相手や，共有される子どもの姿や「出来事」に身を置くことによって「見えてくる」のは，相手の立場（意図や思い）や「出来事」の内実だけではありません。自分の関わりや見方への理解が深まっていくことになります。つまり，自分の子どもへの関わりや同僚への関わりを「省察」することになるのです。

また，Ａ先生がＢ先生と「対話」していくうちに，Ｂ先生の見方や他者の視点を自分の子どもとの関わりに生かしていく姿を目の当たりにし，子どもの見方や視野の広げ方を学び取っていたことはすでに述べた通りです。つまり，保育者同士が「対話」していく時には，同僚の保育する姿勢ややり方を自分なりに活用していくこと，すなわち「収奪」することが可能になるのです。

しかし，「収奪」するのがいつも新任（経験年数の浅い方）であるとは限りません。先輩保育者，あるいはベテランであったとしても，Ｂ先生がＡ先生や園外の保育者・研究者の視点を基に自分の関わりを問い直し，作り変えていったように，他者の視点や行為を「収奪」していくのです。むしろ，ベテラン・熟練した保育者は，より柔軟に他者の視点や行為を自分の資源として活用していくことができるのではないでしょうか。言い換えれば，専門性の高い保育者とは，多様な他者に対してその身体が開かれており，共感的に関わり合い，お互いの見方や行為を収奪し合いながら自分の見方や行為を「省察」することができる存在なのです。よって，「語り合い」・「学び合う」ためには，保育者の身体が多様な他者に対して開かれ，共感的な場を築き合っていることが，欠かせないと言えるでしょう。

❸ 共に保育するスタンスを生成する

Ａ先生が自分の言葉で保育を「語り」，Ｂ先生と子どもの姿や「出来事」を共有していく姿は，自分の身体を開き，見えてくる子どもの姿や自分たちの課題を吟味するという保育者にとって重要な姿勢をＢ先生と共有し始めている姿として捉えることもできます。一方，Ｂ先生はＡ先生と子どもの姿や「出来事」，そこから生まれるお互いの葛藤を共有し，それらを吟味し合う中で，保育の醍醐味

（子どもの姿を味わい，子どもの育ちにとってどうなのかを問うこと）をA先生に垣間見せることになっていました。しかし，B先生は自分の実践を見せてA先生に「学ばせた」わけではありません。むしろ，A先生自身がB先生との関係を媒介として保育の醍醐味を自ら垣間見ていたと考えることもできます。

さらに，そうしたA先生との関係の中でB先生は，いつの間にか固定化していた自分の見方や関わりを「省察」していくのです。つまりたとえ新任であっても，彼女から見えた事実や彼女の見方は，その保育の場に対して様々な資源を提供していることになります。

ここでの2人の関係は，ベテランと若手という立場の違いはあるにせよ，固定化された「教育する側」と「教育される側」，あるいは「自分の実践を見せる側」と「見る側」といった二項対立的な関係は存在しません。両者は共に保育「する側」に立っています。つまり，常にベテランが進行し，コメントするといった「一方的な語り」の形態ではないのです。A先生は，B先生との「対話」を通して，保育者として保育という営みに向かうスタンス（身構え）を生成し，その園の実践（さらには，保育という営み）に対して共に貢献し，創造していくことになっていたのです。

このように経験年数に関係なく，お互いの子どもの見方に自分の身を置き，お互いの立場を共感的に理解し，それぞれが自分の保育を丁寧に捉え直し再構築していく過程は，それぞれが保育者として成長していく過程であり，当該園の実践そのものが深まっていく過程と言えるでしょう。

5 園（組織）として「語り合う」・「学び合う」関係を作る
——誰もが自由に発言できる風土を作るために

❶「語り合う」ことの意味は「語り合う」ことで見えてくる

次のエピソードは，A保育園で新任保育者たちが，午睡のちょっとした時間に子どもの様子を報告し合っている時の様子です。

Episode 3　　子どもがおもちゃを家からもってくるわけ

　ひとりの保育者が，自分の担当している子どもが，家からおもちゃや人形などをもってくるということを話題にしました。すると，「そうしたことはやめさせるべきではないか」，あるいは「保護者に向けてもってきてはだめだということを伝え，もってきてはいけないという『ルール』を作ろうか」といった提案がでてきました。しかし，やがて「うち（自分の担当）の○○ちゃんももってくるけど，いつももってくるわけじゃない」とか，「もってきても，全然気にかけていない場面もある」といったことや，「寝る時には，自分の家からもってきたものをちょっともっていると安心して寝られるみたい」といったように，次々と自分の見ている子どもの様子を保育者たちが語りはじめたのです。

　そのようにそれぞれの保育者が見ている子どもの様子を語り合っていくと，それぞれの子どもが家から私物をもってくる理由が違うことがその場の保育者たちに共有され，わかるようになり，最終的には「ルール」がないことを問題にしなくなっていったのです。むしろ，一人一人の子どもの気持ちや様子に寄り添いながら，それぞれの子どもが，それぞれの場面において，おもちゃや人形を必要とすることの「意味」を考えることになり，さらにはそれらのことを語り合っていること自体に「意味」を見出し始めていったのでした。

　この園の園長先生の言葉を借りれば，「ルールにすることは，親たちには言いやすいし，簡単なこと」です。「ルールだからもってこないでください」と言えばよいだけなのですから。しかし，ルールを作るにしても，作らないにしても，大切なことは，「子どもたちがそれをどうやって乗り越えていくかとか，いつももってきているものをどうやって手放していくか，あるいは，もっていることの『意味』は何かということを考えることにある」のです。そのことを若い保育者たちは，仲間と語り合う中で実践し，その意義を実感し始めていたのです。つまり，一人一人の子どもの行為の意味を考える上で，仲間と共に子どもの姿を「語り合う」ことは欠かせないと共に，「語り合う」中でこそ，「語り合う」ことの意味は，見えてくると考えられるのです。

❷ 語り手の「語り」を引き出す聞き手のスタンス

　では，「語り合い」の場はどのようにして作られるのでしょうか。いきなり「保育カンファレンス」や「エピソード検討会」などを始めたとしても，一部の保育者の「日常の子どもの姿を大切にしたい」という強い思いが空回りし，むしろ周囲の保育者や経験の浅い保育者がそうした一部の保育者の目（評価するまなざし）を意識し

て語りにくくなったり，職員の間に対立の構造を作ってしまうこともあるのではないでしょうか。特に，子どもの姿や保育内容を題材にした「語り合い」となると，個々の保育観の違いが可視化され，それに対する戸惑いが各々に感じられることも十分にあり得ます。また，それぞれがエピソードとして子どもの姿を記録し，それを「語り合い」を誘発する材料にしようとしたとしても，お互いの記録を見せ合うことについて抵抗感をもつ保育者が少なくない場合もあるでしょう。つまり，誰もが自分の言葉で，自分の視点から子どもや保育について「語れる」雰囲気なくして「語り合う」ことはできないのです。では，そうした雰囲気は，どのようにして作ればよいのでしょうか。

　もちろん，人間同士の営みですから，こうすればまちがいなく上手くいくというようなやり方はありません。しかし，人が何かを「語れる」ようになっていく過程には，やはりそれを受ける「受け手（＝聞き手）」の在り方が大きく関わっていると考えられます。自分の考えや語ったことを一方的に批判されたり，その内容が「正解」か「不正解」を問うような評価をされる可能性のある場では，なかなか「語る」ことを楽しんだり，自ら「語ろう」とする姿勢は育ちにくいでしょう。自分の「語り」に興味をもって聞き，さらにその「語り」のつたなさを補いつつ，内実を引き出してくれるような聞き手との関係においてこそ，「語る」ことの楽しさやその「語り」が生み出す新たな気付きや「学び」を味わうスタンスは育まれていくのです。

　よって，特に中堅やベテラン保育者には，自分よりも経験の浅い保育者に対して「教える」「伝える」という発想ではなく，その人の「語る」世界のもっている「意味」を引き出し，その人の身になって共に「語る」姿勢が求められます。そうした先輩のスタンスに支えられながら，経験の浅い保育者は「語る」ことの「意味」を見出し，また他者の「語り」に対するスタンスを学んでいくことになり，結果として経験年数や立場を超えて自由に「語り合える」風土が生成されていくと考えられます。

❸ 会議のもち方を工夫する

　同僚との関係のもち方（語り手に対するスタンス）だけでなく，一

表7-2 B保育園の主な会議の種類と開催頻度

① 職員会議	月2回，18：15～20：15。1回は運営上の諸問題を中心とする運営会議。もう1回は具体的な子どもの話を中心とする保育会議。
② ブロックミーティング	幼児ブロックは月1回夜に開催。乳児ブロック（1，2歳児）は週1回（木曜日）13：30～15：00。乳児ブロック（0歳児）はクラス会議として夜に開催。具体的な事例提案に基づき，様々な話ができるよう各ブロックで工夫。
③ ブロックリーダーミーティング	不定期。ブロックリーダーと園長，総務（主任）による会議。
④ 連絡会議	週1回（水曜日），13：45～15：00。各ブロックから月ごとに替わる連絡委員と各ブロックリーダーが出席し，各クラスからの報告や園長から出た全体的なこと，各委員会からの報告等を確認する会議。
⑤ 各委員会	委員会ごとによって異なる。
⑥ 10分間ミーティング	毎日，13：50～14：00（水曜日以外）。各クラスから1名ずつ出て，簡単な情報交換を行う。

■▷出所：筆者作成。

■▷10 こうした組織体制は，上意下達で進んでいく組織に比べると，ひとり当たりの保育者が参加する会議の数やそのための時間は必然的に多くなります。そのため，A保育園においては，午睡担当の非常勤を入れることにより午睡中の会議を開催しやすくしたり，勤務時間を超える時間帯の会議については超勤手当等が保障されるなど，実質の負担を軽減する工夫や負担感を減らすための配慮が徹底されています。

人一人が自分の意見を自由に発信していくためには，会議などの物理的な場の仕組みや関係作りについても工夫することが大切です。

① 「語る」機会を意図的に増やす

表7-2は，B保育園の主な会議の種類と開催頻度をまとめたものです。A保育園では運営に関わるどんな小さな事項も会議に取り上げられ，職員たちの総意の下に運営が進められていく形をとっています。また，具体的な運営事項については様々な委員会が組織され，その委員会内で話し合われ，職員会議へ提案されていきます。そうした会議への参加やその「語り合い」の積み重ねは，職員一人一人に自分自身が園の運営の一端を担っているという自覚を生むと同時に，「語り合う」機会を数多く提供していくことにもなっています。それにより，大きな会議（たとえば職員会議）ではなかなか思うように話せない職員も，少人数の会議で「語る」経験を重ねていく中で，次第に「語る」ようになっていくと考えられます。

② 新任保育者に対する配慮

また，B保育園の会議の種類を見た場合，運営上の事項を取り扱う会議以外に，子どもや保育について「語り合い」，「考え合う」ための場として職員会議（保育会議）やブロックミーティングを設けていることが特徴的です。しかも，特に近年，保育者の中から「子どもについてもっと語り合える時間にしたい」という提案も出ており，そのための工夫のひとつとして，具体的な事例をもち寄り，それを基に「語り合う」取り組みも始まっています（自由参加）。

170

第7章　学び合う保育者

こうした会議を企画した中堅の保育者たちは，新任保育者が参加しやすいように第1回目の事例提案を勧めてみるなど，新任保育者が「語る」機会を意図的に作っていこうと工夫しています。

さらに，会議や事例検討会といったオフィシャルな場以外でも，園内に，新任保育者の活躍の場が様々な方法で確保されています。たとえばB保育園の「園だより」は「園だより委員会」によって企画・編集されていますが，今年度の「園だより」には，「園だより委員」のひとりである新任保育者がインタビュアーとして園の様々なクラスに赴き，保育者に話を聞く「新人○○が行く──突撃!! B園職員レポート」などの連載コーナーが設けられています。こうした企画も，通常であれば「受け身」の立場に陥りやすい新任保育者にとって，自分が主体となって発信していく貴重な「場」となっていると考えられます。

このような一人一人の「発信」を促していこうとする多様な機会作りが，新任保育者をも「教えられる側」「伝えられる側」として「受け身」に位置付けるのでなく，主体的な「語り手」として育てていくことになり，「語り合う」風土を形成することにもつながっていると考えられるのです。

❹「わからない」「助けて」と言える関係を作る

これまでも述べてきたように，ある程度経験年数を重ねた中堅やベテラン保育者の在り方が周囲に与える影響は大きいように思います。C幼稚園では，こんなことがありました。

Episode 4　「一緒の職場で働く関係」から「共に保育する関係」へ

C幼稚園の中堅保育者は，自閉症の男の子の担任になった際，その子に振り回され，戸惑いながらも，その子の姿を園内の保育者はもちろん，事務員や保護者らと共有しながら，その子に対する理解を深め，その子との関係を築いていきました。だからといって，最初から周囲とその子の姿を共有しようと思っていたわけではなかったようです。むしろ，自分だけではどうにもならず，周囲に助けを求め，自分が関われなかった時には，その子がどんな様子だったのか自ら積極的に聞きにいく一方で，まわりにも伝えてもらい，それらの情報をつなぎ合わせ，その子にとっての意味を読み取り，自分なりの関わり方を模索していったのです。気付くと，彼女にとって自分の保育を開くことはあたりまえ（重要なこと）になっていて，園内の大人たちは，その子の姿を共有し，連携を深めることになっていたのです。

171

ある程度経験年数を重ねた保育者自らが，自分が「わかっている」子どもの姿だけでなく，むしろ「わからない（手に負えないことなども含む）」子どもの姿を仲間と共有し，自分の保育に生かしていこうとする時，その行為の意義が園全体で理解され，広まることもあるのではないでしょうか。本人が意識しているか意識していないかは別として，本人自身だけでなく，周囲の保育者にも自分の保育を開くことや，仲間と共に子どもの姿を共有することの重要性を実感させることになっていくのです。つまり，「わかった」ことはもちろん，「わからない」ことこそ，他者に開き，共有できる関係を作っていくことが大切なのです。

　彼女が周囲に自分の知らないその子の様子を聞いたり，周囲の見方を知りたがる背後には，その子のことをよりよく「わかろう」とし，自分との関わりに生かそうとする姿勢がありました。そして，仲間と「語り合う」中で見えてくる新たなその子の育ちを喜び，味わっていたのです。そうした彼女の醸し出す雰囲気は，決して深刻なものではありませんでした。むしろ，はたから見ていると，大変ではあるものの，その子のことを理解していくことがうれしくて，楽しくて仕方がないようにも見えるのです。しかし，喜んだり，楽しんでいるのは彼女だけではありません。彼女をサポートする周囲の保育者や事務員らも，自分のことのようにその子の育ちを喜び，味わっていたのです。つまり，彼女が自分の保育を開いていくことは，単に子どもの情報を共有することを普及させただけではなく，子どもたちのことをよりよく理解したい，よりよく援助したいと願いをもち続けながら，見えてくる子どもの育ちを喜び，味わっていこうとする姿勢そのものを仲間と共有することになり，誰もが自分の言葉で語れるような雰囲気を形作るひとつのきっかけを作っていたと考えられるのです。

　このように，ひとりの子どもを巡って，その子を取り巻く園内の大人たちの関係が，単に「一緒の職場で働く関係」から「共に保育する仲間」へと変容していく過程は，「子どものことについて語ろう」とか「語り合いが大事」とスローガンを掲げ，周囲に強いるのではなく，自ら実践していく中で育まれる「語り合い」や連携もあることを示しています。

第7章　学び合う保育者

❺ 園の保育は園の職員全体で作るもの──皆経営主義

① 「暗黙の約束事」を作らない

　誰もが自分の言葉で自由に話せるということは，その場に「暗黙の約束事」が存在しないことを意味します。ここでいう「暗黙の約束事」とは，一部の保育者（たとえば，園長・主任などのベテラン）にとっては当然のこととして行われていることや，園ではあたりまえになっていることに，知らない者（たとえば，若手・新任）は「触れず」「従い」「身につけていく」ことを指します。

　そうした「暗黙の約束事」が存在しなければ，「わからないこと」「疑問に思うこと」は率直に聞き合うことができるはずです。むしろ，包み隠さず「わからないこと」は言い合い，共有すべきでしょう。なぜなら，そうすることで自分にとってあたりまえの事柄が必ずしも他者にとってはあたりまえでない事実や，そのあたりまえになっている事柄そのものを問い直すこと，すなわち自分自身の見方や既存のやり方を「省察」することが可能になるのです。

② やってみて，無限に修正していく──脱・前例主義

　保育の場には，良くも悪くも，子どもに対しても，保育者に対しても「こういうふうにやることになっている」というルールやマナーがたくさん存在します。そして，それらが守られているうちは荒波が立たず一見「うまくいっている」ように見えるわけです。しかし，本当に子どもや保育者が自発的に学び，育ち合っているかといえば，自ら学び，育ち合っているかのような錯覚を起こし，あるいは「フリ」をしているに過ぎないことも少なくないのではないでしょうか。

　たとえば，園内研修のテーマなどを考えるに当たっても，どんなテーマで園内研修をしたいか（方法や外部から呼びたい講師の選出なども含む）を，いつも園長や主任などの一部の保育者が決めるのではなく，職員から募ることがあってもいいのではないでしょうか。テーマ設定の仕方に工夫をし，職員の意見が反映されるような仕組みを作っていくことも，「やらされる（やらせる）」園内研修から自分たちのための主体的な園内研修を作っていく一歩になるかもしれません。

173

また，保育内容や行事などにしても「いつもこうしているからこれでいい」「昨年もうまくいったから，同じでいいよね」というように，本当は変えたいと思いつつも，失敗を恐れ，保守的にならざるを得ない状況があるかもしれません。

　昨今の保育現場や学校現場を取り巻く状況は，「失敗を許さない風土」が蔓延しているようにも感じます。しかし，毎年入ってくる子どもたちは違うわけですし，いままであたりまえのようにしていた保育内容であっても，勇気をもって変えることで，よりよい保育を作っていけるかもしれないのです。よって，「何かを変えたい」「いまのやり方に何か違和感がある」「こうしてみたらどうなるだろう？」「こんなことを新たにやってみたい」といった素朴な疑問や問い，発想を消さずに仲間と共に吟味してみることも大切なのではないでしょうか。

③　園長も一保育者

　表7-3は，伊藤が，従来のリーダーシップのとり方（指示命令型）とこれから求められるリーダーシップのとり方（ファシリテータ・コーチ型）を比較したものです。園内の職員をリードする園長や主任の先生などには，職員をまとめるだけでなく，個々の保育者が日々の保育の中で出会う様々な素敵な「出来事」，反対に「わからない」ことを出し合える雰囲気を作ることが求められます。そのためには，園長自身も一保育者として「語り合い」に参加し，自分が素敵だと思うこと，「わからない」ことを語っていく必要がある

表7-3　指示命令型リーダーシップとファシリテータ・コーチ型リーダーシップ

指示命令型リーダーシップ	ファシリテータ・コーチ型リーダーシップ
・結果だけを見て，評価の対象としている	・過程から職員と関わっている
・職員の行動をコントロールしている	・職員が自発的に動けるようにサポートしている
・職員がリスクを恐れて，チャレンジできない環境を作っている	・職員が安心してリスクに挑める環境を作っている
・職員の弱点・欠点に焦点を当てている	・職員の強み・長所に焦点を当てている
・失敗や過ちを指摘している	・努力や成長を重視している
・問題をすべて自分が解決しようとする	・個々のやり方，強みを認めている
・自分のやり方を押しつけている	・職員が自分で問題を解決できるようにサポートする
・職員の話を表面的に聞いている	・職員の話の真意を汲み取っている
・職員を職場に長時間拘束してしまう	・生活と仕事のバランスのとれた健全な生き方のモデルとなっている
・許可・承認を与えるだけの上司である	・職員に協力的であり，問題解決に手をさしのべている

➡出所：伊藤守『図解コーチングマネジメント——人と組織のハイパフォーマンスをつくる』ディスカヴァー・トゥエンティワン，2005年，p. 93. より一部筆者修正。

でしょう。つまり、「結果」だけを求めるのではなく、個々の保育者が子どもに対する理解や保育を作っていく過程に自らも参加することが必要なのです。

また、個々の保育者が新たな試みを「やってみたい」と思い、新たな発想を提案したくなる雰囲気を作ることも必要です。そのためには、時には多少のことには目をつぶって、「やってごらん。できることは協力するよ」というふうに、言い出した保育者に「まかせ」「ゆだねる」ことも大切だと思います。

④ 園長はプレゼン上手であれ

そうはいっても、職員のリーダーである園長として、職員に伝えなくてはならないこと（やってほしいこと、考えてほしいことも含む）も多々あると思います。また、状況や事柄によっては、悠長に判断を任せたり、ゆだねたりできないこともあるでしょう。

そこで、園のリーダーである園長は、園（あるいは個々の保育者）が直面している問題がどのような問題であるかを、把握する必要があります。図7-1は、伊藤が、会社の中で行うべき事柄を「重要度」と「緊急性」の2つの要素で分け、この要素を組み合わせ4つの領域であらわしたものです。会社と保育現場では、違いもありますが、参考になる点もあります。たとえば、どのような問題に直面しているかによって、園長のアドバイスや指示の仕方は当然変わってくると考えられるからです。いま、園（あるいは個々の保育者）がどのような問題に直面しているかを整理することも、園を経営していく上では大切なことでしょう。そして、職員に、いま、園長として何を考え、園の保育をどのようにしていきたいかなど、今後の方

図7-1　直面する問題の領域

出所：伊藤守『図解コーチングマネジメント──人と組織のハイパフォーマンスをつくる』ディスカヴァー・トゥエンティワン、2005年、p.91.より引用。

策や方向性，さらには園の保育理念や哲学を視覚化し，わかりやすく伝えるプレゼンテーション技術をもつことも必要でしょう。

⑤「異なる魅力」をつなぎ，「学び合う」

「チームワークがいい」ということは，そのチーム（職員集団）が必ずしも「同質集団」であることを意味するわけではないでしょう。子どもたちが様々な個性を発揮するように，保育者一人一人も個性を発揮していくことが大切です。

保育者には，あらゆる分野に関する様々な知識や技術が求められます。そして，最低限理解し，身につけなくてはならない知識や技術は確かにあります。しかし，あらゆる分野について平均的にこなすことを求めていくよりは，個々の保育者が得意とすること（個性や特性）を大切にし，その魅力をお互いに理解し，個々の，園の保育の資源として活用していくことが重要だと考えます。

子どもたちから見て，「あの先生はどろだんご作りが上手」，「虫のことなら△△先生」，「踊りや音楽のことなら××先生」，「いろんなお話を知っているのは○○先生」，「大工仕事は，園長先生に一緒にやってもらう」といった具合に，周囲にいる保育者の個性や特性が見え，必要に応じて自ら声をかけ，一緒に遊んだり，助けてほしい時には「助けて」と言える関係が深まり，広がっていくことが大切なのではないでしょうか。そして，そうした関係が，子どもと保育者の間だけでなく，子ども同士や保育者同士，保育者と保護者の間にも広がり，お互いの特性を知り，お互いの違いを認め合い，支え合っていく。そんな異なる魅力がつながり，それぞれの生活に生かしていくことが「チークワークがいい」ということなのではないでしょうか。

⑥ 保育者の成長の根幹にあるのは「共感的知性」

これまで述べてきたように，保育の場における保育者の成長は，多様な他者やモノとの関わりの中で生じます。しかも，自分が関わっている他者（子ども，同僚，保護者など）の身になることから始まるのです。また，個々の保育者が保育者として成長していくために必要な知との出会いは，目の前の関わっている子どもや「出来事」に埋め込まれており，それらに自分の身をゆだねていくことによって発見することができるのです。

保育者として子どもに「どう関わるべきか」は，その園の保育者たちが目の前の子どもたちに共に目を向け，その世界を共有していくことなくしては問えないはずです。むしろ，保育者として「何をすべきか」は，子どもの世界に自分の身をゆだね，その世界を仲間と共に味わっていくことで見えてくるのです。

　つまり，保育の場における保育者の成長は，子ども，同僚，保護者，保育という文化などへの「自己投入」によって世界を「知る」「味わう」「わかる」といったことから始まります。すなわち，保育者の専門性の根幹には「共感的知性」があり，多様な他者（子ども，同僚，保護者，研究者など）に自分の身体が開かれているかが問われるのです。

Book Guide

- 倉橋惣三『育ての心（上・下）』フレーベル館，2008年
  子どもを見る「まなざし」や，子どもと共に育ち合い，育て合うことについて深く考えさせられる本です。
- 津守真『保育者の地平――私的体験から普遍に向けて』ミネルヴァ書房，1997年
  日々の保育の中で，子どもの行為の意味を読み解き，そしてそれに応えていく筆者の姿から，子どもと共に育ち合う保育者の姿や保育の奥深さを味わうことができる本です。
- 秋田喜代美「実践の創造と同僚関係」佐伯胖ほか（編）『教師像の再構築』岩波書店，1998年，pp. 235-259.
  職場の同僚同士が，学び，育ち合う時には一体どんな関係になっているのか。反対に，学び，育ち合えない時にはどんな関係になっているのか。職場の同僚関係について考える上で参考になる本です。
- 中原淳・長岡健『ダイアローグ　対話する組織』ダイヤモンド社，2009年
  企業で働く人向けに書かれた本ですが，「対話」とは何か，「対話」がなぜ大事かを丁寧にわかりやすく説明している本です。「対話」ですべて解決するわけではありませんが，「対話」を通して，私たち自身が学び，成長し，変わっていくこと，そして，組織（会社や園）の在り方そのものも変わっていくことを感じさせてくれる本です。

Exercise

1. どんな保育者になりたいか，どんな職場で働きたいか，具体的に自分の考えを書いてみましょう。

2. 1.で書いたことを仲間と交換し，そのためには，どのようなことが必要かを話し合い，発表しましょう。

3. これまでの実習などを通して，あこがれを感じた保育者の姿を思い出し，その保育者がどのような関係を子どもや同僚との間で築いていたかを捉え直し，まとめてみましょう。

4. 3.でまとめたことを仲間と話し合い，お互いの考えを引き出し合ってみましょう。

第 8 章

保育者の専門性って何だろう
——まとめにかえて——

「野球やろう」って男の子が言ってきた。こういう場面でも，プロの保育者って何か違うの？

うーん。違わないかもしれません。でも，こういうことがあります。野球って幼児にとって簡単ではないのです。保育者が，子どものバットを振るタイミングが合わないと，なかなか打つことができません。タイミングがぴったりになると，その子は何度も繰り返し野球を要求し，とても自信を付け出します。また，その先生への信頼も生まれます。それだけではありません。さらに，5歳児になると，他の子も興味をもつようになり，少しずつ，打って走るおもしろさや，先生とだけでなく友達と一緒にやるおもしろさを知る場合があります。子どもの気持ちを捉えるプロであると同時に，ルールのある遊びのおもしろさに広げていけるのもプロならでは，ではないでしょうか。

第8章　保育者の専門性って何だろう

1 専門性というのはどういう意味だろう

　さて、ここまで読んでみて、保育者の専門性とは何か、少しはイメージが湧いたでしょうか。

　最終章に当たる本章では、各章の論考をもう一度振り返りながら、保育者の専門性とは何か、そして専門性を向上させるにはどうすればいいか、改めて考えてみることにしましょう。

　専門家とは英語でいうとプロフェッショナルです。略してプロ。プロという言葉は日常語になっていますので、こちらの方がわかりやすいでしょうか。プロというのは、そのことにずっとかかわる人、あるいはそのことにかかわり続けたために、他の人ではわからないことがわかり、他の人ではできないことまでもできるようになっている人のことをいいます。素人に対する玄人です。

　スポーツの分野ではそれを職業にしている人をプロといい、そうでない人をアマといって区別しますが、もともと、お金を稼ぐかどうかがプロであるかどうかの境目ではありません。しかし、そのことをしてお金を稼ぐということは、素人ではできないことができることに対する評価をお金で素人が支払っているということですから、何かを専一的にしていて素人ではできないレベルでそれをこなし、それを仕事にしている人をプロというようになったのは合点がいきます。

　その意味で、①あることにもっぱらかかわって、②素人ができないレベルでそのことをなすことができ、③それを職業にしてお金を稼いでいる人、のことを専門家＝プロといってよいでしょう。専門性とはその専門家のもっている資質、属性のことです。

　皆さんと近い仕事人＝プロとして看護師や保健師がいます。看護師は、薬についての知識や身体の異常についての知識を医師と近いレベルでもっていなければなりませんし（医師と協働して治療に当たるのです）、注射や投薬、止血、包帯巻きなどの医療介護を失敗なくできる技術をもっていなければなりません。患者の精神的不安を緩和したり、必要な決意を促したりするコミュニケーション技術も必要です。相手の人柄や性格を見抜き、誰であっても、上手に病気

181

を克服する意思をもってもらうようにするわけです。わがままな患者にも，弱気になっている患者にも，的確に応対する心もちと技術が要求されます。

　このように，看護師や保健師も今日では専門家，プロということができます。資格をもっていなければしてはいけない，看護や保健のプロしかできない行為を法律できちんと定めています。

　しかし，看護師や保健師も，昔からプロとして認定されてきたわけではありません。医師の指示に従って下請的な雑用をする人間という評価もありました。そうした評価から，看護や保健という独自の専門性をもった仕事をする人間という社会的評価を得るために，大変な努力が払われてきました。今日では，看護師の多くは看護大学を卒業するようになってきていますし，看護系の大学や関連する学校の授業の多くを看護師が講師になって行うようになってきています。

　現代の社会は，そうした専門性をもって仕事をする人を増やす方向で動いています。介護福祉士や社会福祉士もそうですし，管理栄養士などもそうでしょう。同じ流れの中で，保育者もそうした専門性をもつ仕事に高めていきたいという気運が高まってきているのです。

　もともと出産と育児は，昔から大部分素人である親がしてきたことです。それと同じようなことを，他人の子どもを預かってするだけなのだから，保育という仕事に専門性など要らないという意見は以前から強くありました。しかし，それに対して，育てと育ちの環境が根本的といってよいほど変わりつつある現代社会に生まれ，豊かな教育性をなくしつつある小さな核家族の中で育つしかなくなっている現代の子どもを，複雑で未曾有の困難が待ちかまえている社会に向けて心身共にたくましく豊かに育てていくには，保育という仕事に相当の計画性，意識性そして専門性が要求されるようにならざるを得ないという論が，どんどん強くなってきました。

　また2003年に保育士の資格が国家資格に格上げされた時，児童福祉法の第18条の４に次のような規定が付け加えられたことも大事です。そこには「この法律で，保育士とは，第18条の18第１項の登録を受け，保育士の名称を用いて，専門的知識及び技術をもって，児童の保育及び児童の保護者に対する保育に関する指導を行うことを業とする者をいう」と書かれているのです。すなわち，保育士は

「専門的知識及び技術をもつて，児童の保育」を行うだけでなく「児童の保護者に対する保育に関する指導を行う」こともその正規の仕事とされたのです。

　また，2007年には学校教育法が改正され，その第24条に「……幼児期の教育に関する各般の問題につき，保護者及び地域住民その他の関係者からの相談に応じ，必要な情報の提供及び助言を行うなど，家庭及び地域における幼児期の教育の支援に努めるものとする」と書き込まれました。幼稚園も保護者支援が本務となったのです。

　これらは画期的な変更でした。それまでも保護者の育児を支援することは多くの保育所・幼稚園で行われていましたが，それをどの保育所・幼稚園も行うべき努力義務事項としたわけです。親の育児を支援し指導するのですから，それなりの勉強をしなければなりません。

　こうして，保育者の専門性を高めるための努力が，いま関係者から一斉に行われるようになってきています。皆さんも，その意味するところをしっかりと感じ取り，自らの専門性を高める努力を行っていただきたいと思います。

　なお，2015年4月にスタートした子ども・子育て支援新制度で，新たな幼保連携型認定こども園制度が始まりました。幼保連携型認定こども園で働く職員は幼稚園教諭免許と保育士資格の両方をもっている「保育教諭」であることが条件になっています。片方の免許ないしは資格しかもっていない人は急いでもう一方の免許あるいは資格をとらねばならなくなったのですが，新制度のスタートから5年間に限って，4科目（幼稚園教諭免許取得者が保育士資格をとる場合）あるいは5科目（保育士資格取得者が幼稚園教諭免許をとる場合）8単位を受講して取得すればよいという「特例措置」が施行されています。この間にとることが得策ですが，将来，保育教諭という免許を別に新たにつくって，その養成を独自に行うかどうかは2018年現在決まっていません。

　2015年4月から施行された「改正認定こども園法」の附則の第2条に以下の記述があります。

　「政府は，幼稚園の教諭の免許及び保育士の資格について，一体化を含め，その在り方について検討を加え，必要があると認めるときは，その結果に基づいて所要の措置を講ずるものとする」。

　ここで免許と資格の「一体化」といわれているのが「保育教諭」

資格を別枠として新たにつくるということなのですが，そのことの是非等については「検討を加え」としか決められていません。2つの免許・資格をとりやすくするための「特例措置」は2020年までですが，その後この制度をどうするかは「保育教諭」免許をとる制度ができるかどうかにより，それがまだ決まっていないということです。

2　引き出しをたくさんもっていることが専門性のひとつ

さて，では保育の専門性，保育者の専門性とは具体的にどういうことを指しているのでしょうか。

保育のプロというのは，これまでの議論から明らかなように，素人ではできないこと，わからないことでも，きちんとこなし，さすがプロといわれるレベルで子どもを育てることができることを指します。わかりやすく言うと，子どもを育てるという面で，さすがプロという仕事ができるということです。

そのために必要なことの第一は「引き出しが多い」ということでしょう。

たとえば遊び。現代の保育は「遊びを通じた総合的指導」という言い方がされるように，遊びは絶対的な重要性をもっています。子どもたちは，適切な環境があれば「名のない遊び」[1]をどんどん展開していきますが，遊びの中にはルールがあるものがあったり，道具を使わなければならないものがあったり，それなりの知識やノウハウを知らないとできないものがたくさんあります。「名のない遊び」でも，子どもたちがうまく考えつかないで手もちぶさたでいるような時に，保育者がとっさにモデルとなって見本を示したり，うまくある方向に誘ったりしなければならないことも多々あります。

そういう時，保育者がいろいろな遊びを知っているかどうか，そして，いわゆる遊び心が豊かであるかどうかが，子どもたちを豊かに遊びの世界に誘えるかどうかの分かれ目になります。その意味で，保育者は遊びについて，いろんな引き出しをもっているかどうかが，専門性のかなり大きな条件になることになります。これは保育者の専門性のいわば必要最低条件のようなものです。

[1]　塩川寿平『名のない遊び』フレーベル館，2006年を参照。「名のない遊び」は塩川氏の命名によるもの。様々な子どもの創意による遊びが写真入りで紹介されています。

第8章　保育者の専門性って何だろう

　このことは，保育の他の領域でも基本的にあてはまります。たとえば絵本を読むということを考えてみてください。ある場面，状況で，どのような絵本を読むのがいいかということを適切に判断できるためには，最低限，いろいろな絵本のことを知っていなければなりません。頭の中に少なくとも百冊やそこらの絵本についての知識がなければ，この場面ではこの絵本がいいというような判断はできません。ここでも絵本についての引き出しがたくさんあることが保育の専門性の最低条件になります。歌を歌うということも同じです。多くの歌を知っているということが，歌についての指導の最低条件である点は，絵本と全く同じです。

　このように保育者が，さすがプロといわれるようになるためには，遊びや絵の指導，歌の指導，絵本の読み聞かせなどの手法や選択ができるだけ適切にできるということが専門性の最低条件になります。そのために，懸命に遊びの様々を覚える必要がありますし，絵本や歌についての知識も手に入れなければなりません。絵の指導方法についても，少なくとも何通りかの方法を知っていることが必要ですし，歌の指導の仕方についてもやり方を何通りか知っていることが必要です。さらに，たとえば散歩している途中で出会う植物や樹木，あるいは空の雲，種々の虫，魚等々について，一定の知識をもっていることも必要でしょう。秋口に散歩しているとたくさんのドングリと出会いますが，ドングリの種類とドングリで遊ぶ遊び方をある程度知っていないと，せっかくの素材が教材や遊具にならないで見過ごされることになります。その意味で，保育者の専門性の中には，小学校の先生が多様な科目の内容についてある程度の知識をもっていなければならないのと同じように，初歩的な理科，国語，算数等の知識をしっかりともっていることが必要になります。

　本書の第3章第2節にも，遊びではなくオペレッタの提案や家づくりの提案が大事だという箇所があります。この短いエピソードの中に，保育者が臨機応変に提案して，それが子どもの気持ちと重なっていく時に保育はおもしろくダイナミックに展開していくことが示唆されているのですが，その前提に，保育者がとっさに提案できるだけの引き出しをもっているということがあります。こうしたことができるためには，いろんな保育を見てみること，他の人の保育の提案に積極的な関心をもって学ぶこと（事例検討会などに真剣に参加すること），できるだけ普段から引き出しの数を多くしていく努

185

力を怠らないことなどが必要でしょう。

　また，すぐれた実践だなと思った他者の実践を模倣することも大事です。模倣は真似だからやりたくないという人もいるかもしれませんが，すぐれた実践というのはそんなにたくさん生まれるものではありません。誰かのすぐれた実践を模倣することで，その実践の機微に触れ，その実践の背後にある子ども観や保育観に触れ，自分の限界を超えていくことができるのです。たとえ模倣したとしても，それはオリジナルの実践と違ったものとなっています。子どもも，保育環境も，保育者も，時期もすべて異なっているのですから。こうした模倣をどん欲にする人は間違いなく引き出しが多くなっていきます。

　ただし，模倣はオリジナルと同じようにするのではないという原点はしっかりと弁えておく必要があります。でないと，オリジナルに近づこう近づこうということになって，自らの実践の主体性が消えていくからです。模倣はあくまでも私の実践の引き出しを多くするためなのだということを忘れないようにしましょう。

　皆さんの学んでいる場でも，こうした知識をどん欲に吸収するようにしてほしいと思います。ただし，学生の間にそんなにたくさん引き出しを増やすことはできないでしょうし，焦る必要もありません。そうしたことが大事だということを学生時代に学び，自らの思想にしておいてほしいのです。ともかく，これが保育者がプロといわれるようになる最低条件なのです。

3　かかわり方の専門性
——子ども自身の没頭保障とそれを支える安心感，信頼感

　しかし，そうした引き出しがたくさんあることが即保育の専門性だということになるかというとそう単純ではありません。

　遊びをたくさん知っていても，子どもたちに上からどんどん教えていけば子どもたちはみな遊び上手になるかというと，そうではありません。遊びというのは，もともと自発的なもので，子どもにとっては自治的で，自己決定のものです。人から教えられてその通りにする，その通りにできているかどうか評価される，というのは元来遊びではありません。自分たちでもっとこうしよう，ああしよ

うと試行錯誤することが遊びの本質であり，醍醐味であり，楽しみなのです。

　しかし，遊びの中にはルールが必要な遊びがありますし，ちょっとした工夫でもっとダイナミックに遊べると思える遊びも多々あります。そういう時に保育者がうまく教えてあげたり，ヒントを出したり……とかかわることが子どもたちの遊びの発展にとって大事になります。しかし保育者が出過ぎると「教え─教えられ」という関係が強くなり過ぎて遊びの本質から離れていきます。

　こういう時に保育者としてどうかかわるか，そこに保育の専門性のもうひとつ上のレベルがあります。絵本を読む時も同じです。たとえ状況にぴったりのよい絵本を選んだからといってそれだけで子どもたちにとってかけがえのない体験になるとは限りません。読み方，聞く環境などをうまく工夫し，それにふさわしく読む時に，子どもたちはじっと息を凝らして聞き入るようになります。それは状況を読んでその状況（場）にふさわしい読み方が臨機応変にできるということで，そうした読み方ができるかどうかということにも，保育者の専門性はあらわれます。

　本書の第5章には絵本に特化してその取り扱い方のポイントが，保育の全体としての実践とつながった形で整理されています。ここには絵本が子どもたちの心の世界でどう生きるのか，実に多様で深いものがあることが示されています。絵本の中には登場人物のいのちの営みがわかりやすいストーリーとして浮かび出ているのですが，そのいのちの営みが子どもたち自身のいのちの営みと響き合った時，そこに私たちが予期し得ないような小さなドラマがうまれるのです。

　だから，絵本はいろいろなジャンルから選ぶべきであり，子どもの様子に応じて読むことが大切で，決まった方法はないのです。しかしそこには確実に子どもたちの文化との出会いがあり文化的な実践があります。

　保育者のこうした「子どもたちとのかかわりの専門性」は，より一般的にいえば子どもたちが「文化的な実践」にできるだけ専念できるように配慮・工夫することと，そのための環境，関係づくりを巧みに行うということにあらわれます。これは，先に述べた引き出しの多さということだけでは実現できない，専門性の第2レベルといってよいものです。このことができるようになるには，後で述べる自分の実践の客観化の練習がどうしても必要ですし，特に環境・

関係つくりの微妙なあやということを理解できるようになることが必要です。このことは次に考えましょう。

　ともかく，保育の専門性は，このように，まずいろいろなやり方を知っているという引き出しの多さのレベルで問われますが，その上で，子どもとかかわる時にかかわり方の質というレベルで問われることがわかります。その基本的な視点は，子ども自身が主体であるということを積極的に認めることであり，子どもたちがより深いレベルで文化的な実践に没頭できるように支えるということです。

4　文化と文明の違い，そして文化的な実践の大事さ

　さて，以上のように保育の専門性は，様々な保育内容と方法についての引き出しの多さというレベルと，それを具体化する時の子どもたちとの関係づくりの巧みさというレベルで問われますが，後者にはさらにまた2つの側面があります。すなわち，文化的な実践への専念，没頭を保障するという側面と，そうしたことが可能になる環境，雰囲気をつくり続けるという側面です。後者の専念，没頭が可能になる環境・雰囲気つくりということが実践的にはとても大切なのですが，このことは意外と気付かれていません。ここではこのことを取り上げてその意味を考えてみましょう。

　その前に，いま文化的な実践といったのですが，これが何を指すか，私なりの考えを説明しておきます。少し回りくどくなりますが，大事なことなので付き合ってください。

　私は，日本語の文化と文明という言葉を厳密に区別して使う必要を強く感じています。これらの言葉はもともと翻訳語ですが，文化は英語では culture，文明は civilization が原語です。両者には似た意味もあるのですが，出自が全く異なります。

　culture は cultivate という動詞と関係がある語ですが，この cultivate はもともと農業用語で，耕すとか栽培するということを意味しています。そこから才能を耕す，才能を磨くというような意味が派生し，そのような意味でも使われるようになります。この語は中世ラテン語 cultivare「耕す」からきています。culture も同じで，ラテン語の「耕作，手入れ」という意味の cult-，colere（耕す）か

ら生まれた語で，土を耕してより豊かな実りを実現するということでしたが，そこから，心を耕すということや，手間暇かけて丁寧に価値あるものを創造するという意味が派生します。

つまり，culture＝文化は，「心を込め，手間暇かけて価値あるものを創造する」という意味が込められた語です。そうした活動を通じて生まれたものを指すこともありますし，そうした営みを指すこともあります。たとえば料理は素材を手間暇かけて加工し，できるだけおいしくする営みですから，ここでいう文化そのものになります。子どもたちがおもしろい遊びをうみだす時もそうです。手間暇かけてもっと楽しくおもしろく遊ぼうとして創造するのが遊びですから，これも最高の文化です。

文化は創造的な営みとその産物ですから，感動をうみ出しますし，創造活動ですから，他者と協働することが大事な意味をもつことも多くあります。感動を共有するという意味で，人と人を結び付ける働きがあるのが文化ということもできます。ともかく，①手間暇かけるということと，②価値あるものを創造するということは文化には不可欠の要素といえます。

それに対して文明の原語である civilization の方は意味がやや異なります。civil は，civic と同じ語源の語で，この語の意味である市民とか都市化ということと関係があります。civilization とは「civil にする」という意味ですが，種々の専門職に従事する人びとが集まって都市をつくり，その都市を中心に社会を法的に組織する様のことを指していました。しかし後には社会がさらに発展し，特に技術の水準が著しく向上した状態を指すようになります。その背景には，culture を重視したドイツが，この語を自らの精神的な高尚さという意味に特化して使い，フランスと区別するためにフランスは civilization の国で，技術面・物質面のみが発達した国であることを強調したという歴史的経緯があります。次第に civilization ＝文明の方は「技術文明・物質文明」というニュアンスが強くなります。

この文明という語が日本に入った明治時代にはすでに物質文明というニュアンスが強い意味合いで伝わりました。実際には鉄道や煙もくもくの工場，汽船，大砲，電気などを指していました。これが西洋文明だったのです。その具体を夏目漱石は実際にイギリスに留学して体験し，後にその本質は人間の怠け心を物質化したものにす

ぎない，というように定義するようになります。要するに，人間の欲望や欲求をできるだけラクに大規模に実現するために編み出した仕組み，仕掛けが文明だというわけです。

　漱石は西洋と対峙して，どうそれを取り込むかに悩み，それを相対化するために皮肉な視点を明確にしたのですが，常識で考えればわかるように，人間にはこういう意味での文明も必要です。電気が通り，鉄道が走ることでどれだけ私たちはラクをしていることか。しかしその本質は漱石が喝破したように，できるだけラクに大規模に欲求を実現しようということですから，手間暇かけてできるだけ価値あるものをつくるという本質をもつ「文化」とは方向が逆を向いています。

　家庭の中に文明がどんどん入り，子どもたちも赤ちゃんの時期から文明にどっぷりの生活を送るとどうなるでしょうか。移動はすべて車。遊びは電子機械。暑さ寒さもクーラーやヒーターで克服……。

　文化は手間暇かけて手づくりで価値あるものを創造することですから，その過程で自分のもっているものを「もの」や「こと」の中に実現することができます。これを難しくいうと「自己を対象化する」といいますが，文化（実践）とはそういう意味で自己の対象化活動になります。これは手抜きを奨励する「文明」と大きく異なるところです。文明にかまけていてたら，自己を何かに実現するということはまずできません。文化的な実践には，子育てや保育ということを考える時の大事な視点がたくさん隠されているのです。

　長く説明しましたが，以上のような意味で私は子どもを育てる時に「文化」にこだわることがとても大事だと思っているのです。子どもが何やら凝ってつくろうとしている。そういう時は，子どもなりに価値あるものを手間暇かけて創造しようとしているわけですから，それこそ文化的な実践です。保育は，そうした子どもたちの文化的な実践をできるだけ深いレベルで展開することを支える営みで，保育の専門性の重要な内容のひとつが，その支えを深くできるということだということが，理解いただけたでしょうか。

第8章　保育者の専門性って何だろう

5　「クラスの倫理的な雰囲気」を　つくることと専門性

　話を元に戻しましょう。

　先に述べたように，保育の専門性の第2のレベルには，文化的な実践への専念・没頭を保障するという側面と，そうしたことが可能になる環境，雰囲気をつくり続けるという側面があります。

　後者の「専念・没頭が可能になる環境・雰囲気づくり」とはどういうことか，もっとつっこんで考えてみたいのですが，そのためには，保育者は実は知らず知らずに，子どもたちの行動の場の見えない倫理的雰囲気をつくっているのだということを理解する必要があります。倫理的雰囲気という難しい言葉を使いましたが，その意味はもう少し後で説明しますので，いまはよくわからなくとも，先に進んでください。

　具体的に考えましょう。以下の例はかなり以前のある幼稚園の実践報告を参考にして，少し整理して紹介するものです。

　その園は大きな規模の園で，年長クラスだけでも数クラスありました。園では，民主主義社会で最も大事なのは議論する力だと考え，その力の基礎を育てたいと，保育の中でできるだけ話し合う機会をつくることを大事にしていました。何かあるとみんなで輪になって意見を出し合い，できるだけみんなで解決策を決めるようにしたわけです。絵本なども，これはという作品はひとり1冊ずつもち，先生と一緒になって読み合い，そのあと作品を巡って感想や疑問を出し合うなどということもしていました。その時も輪になって，先生を真ん中にして，先生の発問にみんなが答えながら話し合いが展開していくようにしていました。

　それもこれも，子どもたちが，自分で意見を言い，疑問を出して，納得して行動できるようになってほしいという配慮からで，とっさの時にもなるほどという行動ができるようにと願ってのことでした。

　さて，ある日のことです。この日は雨が降っていたため，園庭で遊ぶことができませんでした。朝の時間，子どもたちは各クラスの部屋とホールで遊んでいました。ホールは年長の子どもたちが中心に遊んでいて，どの子もクラスごとにまとまって遊んでいるのがわ

191

かりました。クラスごとに遊びが違っていたのです。

　そのうちのあるクラスの子どもたちは，部屋の隅っこに大型積み木を積み上げて遊んでいました。しばらくすると，その大型積み木が何かの拍子で崩れ始めたのです。そしてひとつの積み木が窓ガラスの方に落ちていき，大きな窓ガラスを割ってしまったのです。ガッチャーン！　ものすごい音がホール中に響き渡りました。ホールにいた子どもたちは，みんなびっくりして，一瞬時間が止まったような感じがホールを覆いました。ショックがホール中に満ちていました。

　その音が聞こえた時，この園の主任の先生が偶然ホールの横を通っていました。先生はすぐにホールに入ろうとしましたが，ちょっと待て，子どもたちはこの事態にどう対応するだろうか，ちょうどいいから見てみよう，と判断し，部屋の外から様子を見ることにしたのです。するとすぐに興味深いことがわかりました。クラスごとに行動の仕方が全く違っていたのです。

　あるクラスの子どもたちは，すぐに積み木のところにやってきて，みんなで「やーっちゃった，やっちゃった。○○ちゃんがやっちゃった」と大きな声ではやしたてました。子どもらしいと言えば子どもらしいのですが，先生はその様子を見て少しがっかりしたと言います。

　別のクラスの子どもたちは，やはり積み木のそばまできたのですが，口々に「○○ちゃんが悪いんだよ」「違うよ，△ちゃんが……したからいけないんだよ」とまるで犯人探しのように大声を出し始めました。このクラスの子どもたちも主任を落胆させました。

　もうひとつのクラスの子どもたちは，積み木のところには近づかず，みんなで遠目で見ながら「ぼくたち関係ないよな」と，自分たちに責任がこないように近づくのを避けて，様子見を決め込んでいました。だんまり組です。このクラスにも主任は気落ちしたと言います。

　あるクラスだけが，他のクラスと違った適切な行動をしました。みんなでさっと積み木のところに近づいてきて「○○ちゃん，そっち危ないから，こっちから下りてきた方がいいよ」「△ちゃん，こっちにきな！」「誰か，先生呼んできて！」こういう対応ができたのです。

　主任の先生は，こうした場面で的確な判断ができるように，普段

から話し合いをさせ，自分で考えて意見を言えるようにしてきたつもりなのに，どうしてそれができたクラスと全くできないクラスに分かれたのだろうとショックを受け，冷静に考えることにしました。そこで，話し合い保育といっても，実際にどうしているのか，改めて各クラスをじっくりと見学することにしたのです。

ある先生が担任をしているクラスでは，問題が発生してみんなで話し合いをしていても，いつも「Aちゃん，わかった？　あの時Aちゃんが勝手にやってしまったから，こんなことになったんだよね。Aちゃん，わかった？　わかったら，今度からしないってみんなに言える？」こういう聞き方をしていました。冷静に見ると，問題が起こると，みんなで犯人探しをして，犯人が見つかればその人に反省させてそれを認めさせる，というパターンになっていました。実は，このクラスの子どもたちは，ホールで「○○ちゃんが悪いんだよ」などと犯人探しをしていたのです。

子どもたちは，先生との普段のやり取りを通じて，先生の大事にしている（要求している）行動のパターンをつかみ取ろうとしているのです。それが，〈問題→犯人探し→犯人に認めさせ謝らせる〉という行動のパターン＝行動の文法だったのです。

別のクラスの先生は，話し合いをしている時，子どもたちの発言が自分が気に入るものであったら，「そうね，そうだよね」などと大きく首を振りながら共感し肯定するという癖がありました。気に入らない発言だと，そういう動作が生まれませんし，顔つきも異なります。子どもたちは，どういう発言をしたら先生がいい顔をするか，密かに窺いながら話し合いに参加している様子がよく見えたと言います。このクラスは，ホールでは自分たちは関係ないとだんまりを決め込んでいたクラスです。先生の考えを読むことで行動していたのですが，この場には先生がいなかったので，自分たちだけでは判断できなかったのです。

それでは，「やーっちゃった，やっちゃった」とはやし立てたクラスは，普段，先生はどういう対応をしていたのでしょうか。皆さんで想像してみてください。

要するに，子どもたちは，クラスでどのような行動をすることを先生は期待しているかということに極めて敏感なのです。彼らは自分たちで，様々な場面で様々に的確な行動をするほどには社会性が発達していません。だから，大人はどういう行動を期待しているの

かということを読み取って行動する傾向がどうしても強くなります。それはそれで仕方のないことです。

　この，先生が，子どもたちがどういう行動をすることを期待しているかという内容を，ここでは「クラスの倫理的雰囲気」と呼びましょう。社会学者のウェーバー, M.（Weber, M.）の使った基本用語であるエートスと同じ意味だと思ってください。各集団には，その集団なりの，歴史的につくられた習慣の構造や価値体系がありますが，それをウェーバーはエートスと言ったわけです。その小さなものが幼稚園や保育所にもあるのです。

　保育者は，子どもたちとの具体的なやり取りを通じて，自分が子どもたちに期待している行動や判断の内容を無意識のうちに表出します。

　判断の内容というよりも，その内容を貫いている価値観や行動の型です。それを思わず伝えてしまうのです。子どもは，その期待に応えることで，いい子という評価をもらいますので，知らず知らずのうちに，そしていつの間にか，その期待＝クラスの倫理的雰囲気に合わせて行動するようになります。

　その様子が，いまあげた例で見事に示されているように思うのです。同じように話し合いを大事にしていても，子どもは自由に考え，自分で判断することが大事だということをつかみ取るとは限らず，それ以上に，先生が実際に喜ぶ判断の仕方，あるいは先生が期待している行動の型を身につけるようになっていくのです。

　それでは，先の例で的確な行動をしたクラスの先生はどういう対応をしていたのでしょうか。主任の先生によると，このクラスの担任は50歳代のベテランで，子どもたちがどのような発言をしても，それがいいとか悪いとかの判断はできるだけしないで，いつも子どもたちの意見を整理して投げ返す役割をしていると言います。考えるのはあくまであなた方だよ，先生は論点を整理するだけだからね，というスタンスです。要するに上手に交通整理はするけれども，いい意見に対してうなずき，見当違いの意見に対しては変な顔をするようなことは一切しないというのです。そういうことをすれば，いずれ先生の顔を見て判断するようになる，ということをよく知っているのです。そして，「意見は2つだよね」などと言って整理し，あとは自分たちで判断してね，と子どもたちに適宜返すのです。

　そうしながら，この先生はクラスの全員の発達状況というか，行

動や性格の特徴を細かに把握する努力をしていて，一人一人の子どもたちのいい面，課題となっている面などを細やかにつかんだ上で接していると言います。口ではあまり発言しないけれどハンコ作文をさせると鋭い意見を書く女の子がいることがわかると，その子にさりげなく発言させて，口達者だけれども考えが自分中心の子どもの気付きを促す，などということも配慮してやっていると言います。

この先生の場合，クラスの倫理的雰囲気の基本は，自分（子ども）で考えればいいのだ，先生の意見よりも，自分（子ども）たちが考えることが大事なのだ，ということです。自由が保障されているということを子どもたちは知っているのです。しかし，自由が保障されていても，自分（子ども）で判断できなければその自由を享受できないということもまた知っているのです。さらに言うと，これだけ自由を与えてくれて任せていてくれる先生だから，先生を悲しませるようなことはしてはいけないのだ，ということもみんなが感じ取っている可能性があります。

以上の例から，私たちは，保育者の専門性の秘密の一端を知ることができます。保育者は，日頃の振る舞い方や子どもたちとのやり取りなどを通じて，子どもたちにその保育者なりの期待を伝えているのですが，そのことをしっかりと自覚して，できるだけ子どもたちが安心して自由に行動できるような「クラスの倫理的雰囲気」を自分なりにつくることができることがその専門性のひとつとなっているのです。あるいは，自分はどのような「クラスの倫理的雰囲気」をつくっているかある程度わかっているということが専門性の内容になってくるのです。[2]

本書の第1章に出てくるエピソード「『子どもが見えなくなる』苦しさ」（p. 17）などには，こうした雰囲気づくりに失敗した時の苦しさが語られています。そういう視点でこのエピソードをもう一度読んでみてください。

> [2] 「クラスの倫理的雰囲気」は，これまでよく言われてきた「集団づくり」とは意味が異なります。「集団づくり」は子どもの役割などの自覚を通じた行動コントロールの力を指していますが，「クラスの倫理的雰囲気」は保育者の側の意識と行動の集合をさします。

6 赤ちゃんだって倫理的雰囲気は感じ取る

しかし，そうした先生の期待は，年長クラスの子どもたちなら読み取れるかもしれないが，乳児には無理ではないかという意見があ

り得ます。0歳児や1歳児は，先生が子どもたちにどういうことを期待しているか，普段のやり取りや先生の振る舞いから読み取るというのは無理ではないか，という意見です。乳児保育には別の原理が要るのではないかという問いと言い換えてもいいでしょう。

　ひとつの例をあげてみます。ある保育所の0歳児クラスです。このクラスに日常的にいる看護師さんの観察による話を私が聞いたものです。

　このクラスはベテランのA先生と，若いB，C，D先生の4人が担当しています。このうち，ベテランのA先生は肝っ玉母さんタイプの人で，いつも機嫌がよく，赤ちゃんにいやな顔をしたのを見たことがない，と言います。たとえば，赤ちゃんを抱いている時に部屋の外から呼び出されて，そっちに向かおうとする場面を想定してください。その時足元で他の赤ちゃんに抱っこをせがまれたとします。そういう時も，絶対にその子のことを無視しないで，もう一方の手でその子を抱いて，「ごめんね，先生ちょっと用事があるからね。あとでね」などと言ってから床において行きます。そして戻ってきたら，必ず約束通り抱っこをするのです。どんな子でも絶対に無視しません。赤ちゃんが泣いていたら，抱いて泣きやむまであやします。泣きやませるのがとても上手だと言います。特にいつも機嫌がいい顔をしているのがいいと看護師さんは言います。

　それに対して若い先生方はちょっと違うと言います。経験が少ない分，仕方ないと思うと言うのですが，特にD先生はその看護師さんは少し気になると言うのです。たとえばいまのA先生と同じような場面で足元で別の赤ちゃんに抱っこをせがまれたとします。D先生はA先生のように立ち止まって赤ちゃんを抱いて，ごめんね，と言ってから行くというようなことはしないと言います。いま，先生は手がふさがっているし，呼び出されているのだから無理よ，という態度で，無視して行ってしまおうとするのです。見ていても，少しだけなんだから抱っこしてあげればいいのに，と感じるようなことが多いそうですが，なかなかそうしない。

　一事が万事で，日常的にも，A先生とD先生では，子どもへの接し方や，間口の広さのようなものが違うとその看護師さんは感じると言います。子どもが何かイタズラをしようとした時，A先生は「あら，何するのかしら？　おもしろいこと始めるのかな？」とその子の好奇心を肯定して興味深そうに見つめるのですが，D先生は

第8章 保育者の専門性って何だろう

「あら，また何かするの？　あぶないわねぇ。それに汚れたら困るから，やめてくれないかな」というまなざしでその子を見ることが多い，というような違いがいろいろあると言います。

興味深いのは，その看護師は，子どもたちはこの2人の違いを感じ取っているらしく，この年齢でもう保育者によって態度を変えるということを発見したと言っていることです。たとえば，子どもたちはA先生には普段から喜んで近づいていくし，抱かれていなくても，A先生を拠点にして，そこであれこれ探索活動をするのですが，D先生のところには普段からそれほど自ら近づかないし，D先生のそばでは活動もどこか遠慮がちに見えると言います。▶3

「クラスの倫理的雰囲気」は，このように，子どもが0歳，1歳でも醸し出されますし，子どもたちに敏感に感じ取られるものなのです。

学校にも似た問題があります。学校の中に一歩でも入ると誰もが学校に合わせて行動しなくてはいけなくなります。そんなことは普段は意識していません。でも実際に無意識のうちに誰しも学校の期待に合わせて行動するようになっているのです。

場面緘黙児という言葉を聞いたことがあるでしょう。家では何でも話すのに，学校の門を一歩でもくぐると一切話をしなくなるような子どもです。その理由は，学校の倫理的雰囲気を敏感に（過剰に）感じ取って，それが負担になって言葉を出せなくなるからです。それほど，倫理的雰囲気は目に見えないのですが，人間の行動を規制しています。

会社に勤めてもそうです。幼稚園や保育所に勤めた場合も同じです。狭い共同体には，その共同体なりの倫理的雰囲気があり，まわりの人の行動ぶりや判断ぶりを通じて，それを感じ取り，その場にふさわしく振る舞おうとするようになります。保育者自身，勤めている幼稚園や保育所のもっている倫理的雰囲気を感じ取ってそれに合わせて振る舞っているのです。もし，その倫理的雰囲気が固いもので，規則通りに振る舞わねばダメだとか，園長・所長の指示が絶対だというようなものであると，保育者はそれに合わせて行動しつつ，同じことを子どもたちに要求しがちになります。よく，学校で教師が管理されると今度は教師が子どもを管理しがちになるというのはこうしたことを理由としています。

▶3　ほんの幼い子は，あれこれの行動をしようとする時に，傍にいる大切な大人の方をちょっと見て，どんな顔つきをしているかを感じ取ってから行動に移ることが確認されています。大人が「いいよ」という顔をしていると思えばすぐ行動に移りますが「危ないからやめてよ」という顔をしていると思うと，行動にすぐ移らないで少しだけやってみようというようになる，などです。こうした「ちょい見」を「社会的参照」と言います。幼い子ほど，こうして大人の態度に敏感なのです。

197

説明が長くなり過ぎたので，このあたりでおいておきます。とも
かく，子どもたちへの保育者の意識的・無意識的な期待，子どもた
ちのふるまいへの保育者の態度，そして普段の子どもたちとのやり
取りの仕方などによって，保育者はクラスや園の中に一定の精神的
環境をつくってしまうのだということを理解していることが，保育
者の専門性の中に含まれているということを知っておいていただき
たいのです。

　これはよく「保育者も環境だ」と言われていることの実際の内容
のひとつになります。保育者が中心になってクラスや園の中に心理
的な環境をつくってしまうのです。誰でもそうしてしまうのです。
私はそんなことはない，ということはありえません。私はどういう
心理的環境をつくっているのかを感じ取る姿勢があることがプロの
条件だということです。そして，その心理的な環境をできるだけ子
どもたちが自由に，安心して何かに没頭できることを保障するよう
なものとするように努力してほしいのです。

　実際に勤めた後では，自分がどのような倫理的雰囲気づくりをし
ているかを，自分で把握する努力が必要になります。その最適の場
は事例検討会で，そこで自分の実践を報告することです。事例検討
の方法は多様にありますが，本書の第3章の例はぜひ参考にしてい
ただきたいと思います。もっとも，幼稚園や保育所でどう事例検討
をするかということは園長や所長が決めることなので，皆さんは，
検討会をもつことを提案したり，そうした場があったら積極的に参
加するということをしていただきたいと思います。

7　一生かけて専門性を高めていこう

　さて，これまで何点か，保育者の専門性の内容について考えてき
ました。それぞれ，そう簡単に身につくものではないことは，おわ
かりだと思います。はじめに「引き出しの多さ」ということをその
内容として取り上げましたが，そのひとつの遊びの指導の豊かさと
いうことひとつだって，そう簡単に身につくものではありません。
保育者自身が積極的に遊びを体験し覚えなければ，たとえば散歩
（園外保育）をした時でも，遊びの素材がたくさんあるのに，無視し

て通り過ぎるということが多くなります。これでは子どもたちはかわいそうです。

その意味で，保育者は一生かけて，遊びの引き出しを豊かにしていく責務を背負っていると言えます。遊び心を磨き続けると言ってもよいでしょう。その際，加齢と共に，その遊びが，自然を楽しむようなものになったり，花の名前や生態を詳しく知るものになっていったりと，無理のない，その人の個性を大事にしたものであるといいですね。ひとりで何でもというのは無理です。いろいろな個性をもった保育者が職場集団を作って，そこにオーケストラのような響き合いができればいいのです。

指導の仕方，保育の方法についてもそうです。できれば学生のうちから，世の中で定評のある保育思想や手法を積極的に学んでほしいと思います。たとえばモンテッソーリ，M.（Montessori, M.），シュタイナー，R.（Steiner, R.），コダーイ，Z.（Kodály, Z.）などの保育思想についてはぜひ学んでほしいと思います。それらが世界に広がっているということは，それらの中に何らかの真実が含まれているからです。

ただし，日本では，それらが絶対的な方法の体系のようになっていることが多いので，気を付けてほしいと思います。モンテッソーリはこういう風にするものだなどと方法だけがひとり歩きして，まるで教条のようになって後はそれと同じようにするだけというのは，当のモンテッソーリ自身が望んでいたことではないでしょう。モンテッソーリの発見した子どもの見方，保育の考え方などを学んでほしいのです。

仮にバングラデシュという，いまの世界の中でもかなり貧しい国といわれている国で保育をするということを想定してください。そこにモンテッソーリ教材などひとつもなくてもモンテッソーリ保育ができなければ，それは本物ではないのです。他の思想家についても同じです。

そうすれば，こういう考え方もある，ああいう考え方もあると自分が発想する時の引き出しが増えていくはずです。それは，やがて自分なりの保育を創造していく時の糧になっていくはずです。

本書の第4章の論考には，そうしたことの大事さが，間接的な言い方ですが，示唆されているのをぜひ読み取ってほしいと思います。

本書では十分に扱えませんでしたが，保育の専門性には，たとえ

ば発達障害のある子どもの保育，特別支援保育についての知識を
もっているということも含まれるようになります。このことについ
ては，これからはもっと勉強しなくてはならなくなるでしょう。幼
稚園教育要領でも保育所保育指針でも，障害のある子どもには支援
のプログラムを個別に作るよう努めることと記述されています。一
人一人の障害のあらわれ方が異なることを前提に，それぞれにふさ
わしい支援を行えるようになることがこれからの課題だということ
が示唆されているのです。

　第6章で扱った「子育て支援」は，2018（平成30）年からの保育
所保育指針では見出しが「保護者に対する支援」から「子育て支
援」に変わったものです。変わった理由は第6章の本文を読めばわ
かるように，幼稚園や保育所，認定こども園で行う支援は虐待家
庭・貧困家庭・外国人家庭・特別支援を必要としている家庭など，
深いニーズのある家庭の保護者と子どもに対して行われなければな
らず，それらを園の特性を生かして可能な範囲で行うことが，これ
から大切になるからです。また，地域づくりの様々なテーマとつな
がる形で，地域のニーズにも園なりの仕方で応えていくことが大切
になっています。それらを「子育て支援」あるいは「子育ての支
援」といっているわけです。その含意をぜひつかみ取っていただき
たいと思います。

　第3章，第7章で専門性を高めるための職場での努力の課題をま
とめていただきました。保育者は一匹狼ではありませんので，職場
全体が前向きになる中で一人一人向上していくしかありません。職
場全体に専門性を向上させたいという気運が高まり，実際にそれが
遂行されていくということがなければ，本書に書かれたことも，学
生時代だけの話になり，実効性が高まりません。そうした職場をつ
くり上げていくこと，言い換えれば同僚性を深めていくことが専門
性なのだということをぜひ読み取っていただきたいと思います。

　本書にはこれまでにない，興味深い手法で保育の実際を紹介した
ページがあります。それが第2章です。ある保育者の一日を傍にい
てずっと追い，それを写真と解説そしてコメントで再現しています。
これは，現場に出たことがまだあまりない学生にはとてもイメージ
が湧くページになっていると思います。と同時に，すでに保育の仕
事をしている人には自分のやり方とあちこちで違うものだというこ
とを感じ取ることも可能でしょう。

読者の方々には，本書を読んで学んだ保育の専門性のあれこれを，最後にもう一度第2章の写真を追いながら，こういう時は保育者として何を考えてやればいいのかななどと考えながら，実践的に深める練習をしていただきたいなと思います。

　この本を参考にして，各養成校で保育者のおもしろさとその責務を理解してくだされば願っています。皆さん，がんばってください。

《執筆者紹介》 執筆順，＊は編著者

＊汐見稔幸（しおみ・としゆき）はじめに，第8章

　　1947年生まれ。東京大学名誉教授。
　　主　著　『乳児保育の基本』（共編著）フレーベル館，2007年。
　　　　　　『世界の幼児教育・保育改革と学力』（共編著）明石書店，2008年。

＊大豆生田啓友（おおまめうだ・ひろとも）第1章

　　1965年生まれ。玉川大学教授。
　　主　著　『支え合い，育ち合いの子育て支援──保育所・幼稚園・ひろば型支援施設における子育て支援実践論』（単著）
　　　　　　関東学院大学出版会，2006年。
　　　　　　『よくわかる子育て支援・家庭支援論』（共編）ミネルヴァ書房，2014年。

木村明子（きむら・あきこ）第2章

　　エディター。「Ｐ研〈保育者の専門性研究会〉」世話人，他。
　　主　著　『保育園・幼稚園で働く人たち──しごとの現場としくみがわかる！』（単著）ぺりかん社，2012年。
　　　　　　『子どもと働く』（単著）ぺりかん社，2014年。

室田一樹（むろた・いつき）第3章

　　1955年生まれ。岩屋こども園アカンパニ理事長・園長，元皇學館大學准教授。
　　主　著　『保育の場に子どもが自分を開くとき──保育者が綴る14編のエピソード記述』（単著）ミネルヴァ書房，2013年。
　　　　　　『保育の場で子どもを理解するということ──エピソード記述から"しる"と"わかる"を考える』（単著）ミネルヴァ
　　　　　　書房，2016年。

師岡　章（もろおか・あきら）第4章第1節

　　1958年生まれ。白梅学園大学教授。
　　主　著　『保育カリキュラム総論──実践に連動した計画・評価のあり方，進め方』（単著）同文書院，2015年。
　　　　　　『子どもらしさを大切にする保育──子ども理解と指導・援助のポイント』（単著）新読書社，2015年。

井桁容子（いげた・ようこ）第4章第2節

　　1955年生まれ。元・東京家政大学ナースリールーム主任。
　　主　著　『「ていねいなまなざし」でみる乳幼児保育』（単著）フレーベル館，2005年。
　　　　　　『保育でつむぐ　子どもと親のいい関係』（単著）小学館，2015年。

村田晴恵（むらた・はるえ）第5章第1節

　　1970年生まれ。公立保育園保育士。

宮里暁美（みやさと・あけみ）第5章第2節

　　1955年生まれ。お茶の水女子大学人間発達教育科学研究所教授・文京区立お茶の水女子大学こども園園長。
　　主　著　『新しく生きる──津守真と保育を語る』（共著）フレーベル館，2009年。
　　　　　　『子どもたちの四季──小さな子をもつあなたへ伝えたい大切なこと』（単著）主婦の友社，2014年。

髙梨美紀（たかなし・みき）第6章

　　1967年生まれ。社会福祉法人ベテスダ奉仕女母の家・茂呂塾保育園副園長。

三谷大紀（みたに・だいき）第7章

　　1976年生まれ。関東学院大学准教授。
　　主　著　『共感──育ち合う保育のなかで』（共著）ミネルヴァ書房，2007年。
　　　　　　『よくわかる保育原理（第4版）』（共著）ミネルヴァ書房，2015年。

新しい保育講座②
保育者論

2018年4月30日　初版第1刷発行　　　　　　　〈検印省略〉

定価はカバーに
表示しています

編著者　　汐　見　稔　幸
　　　　　大豆生田啓友
発行者　　杉　田　啓　三
印刷者　　藤　森　英　夫

発行所　株式会社　ミネルヴァ書房
607-8494　京都市山科区日ノ岡堤谷町1
電話代表　（075）581－5191
振替口座　01020－0－8076

ⓒ汐見・大豆生田ほか，2018　　　　　亜細亜印刷

ISBN978-4-623-08332-9
Printed in Japan

新しい保育講座

B 5 判／美装カバー

①保育原理
渡邉英則・髙嶋景子・大豆生田啓友・三谷大紀　編著　　　　本体2200円

②保育者論
汐見稔幸・大豆生田啓友　編著　　　　本体2200円

③子ども理解と援助
髙嶋景子・砂上史子　編著

④保育内容総論
渡邉英則・大豆生田啓友　編著

⑤保育課程・教育課程総論
戸田雅美・渡邉英則・天野珠路　編著

⑥保育方法・指導法
大豆生田啓友・渡邉英則　編著

⑦保育内容「健康」
河邉貴子・鈴木康弘・渡邉英則　編著

⑧保育内容「人間関係」
渡邉英則・小林紀子・髙嶋景子　編著

⑨保育内容「環境」
久保健太・髙嶋景子・宮里暁美　編著

⑩保育内容「言葉」
戸田雅美・秋田喜代美・岩田恵子　編著

⑪保育内容「表現」
小林紀子・砂上史子・刑部育子　編著

⑫教育実習・保育実習
大豆生田啓友・三谷大紀・松山洋平　編著

⑬乳児保育
岩田恵子・須永美紀・大豆生田啓友　編著

⑭障害児保育
若月芳浩・宇田川久美子　編著

（第 3 巻以降続刊予定・タイトルは変更される場合があります）

ミネルヴァ書房
http://www.minervashobo.co.jp/